ちくま新書

「反日」中国の文明史

平野 聡
Hirano Satoshi

1080

「反日」中国の文明史【目次】

＊所収の写真はすべて筆者撮影

隋《ずい》	581～619年	中央集権的帝国を築き、律令・科挙などの制度を定めた。日本とも国交
唐《とう》	618～907年	隋の律令制を継承し、多くの朝貢国を従えた大帝国に。首都長安は東西文化が出会う国際都市として繁栄
五代十国《ごだいじっこく》時代《じだい》	907～960年	907年の唐の滅亡から960年の宋による統一まで
遼《りょう》	916～1125年	北方の契丹族の国家。宋を圧迫して経済的利益を得る
宋《そう》	960～1279年	儒学を原理主義的に究めんとする朱子学の出現
元《げん》	1271～1368年	モンゴル皇帝フビライが北京に遷都して成立。領域は中国全土からモンゴル本土を含み、チベットや朝鮮も服属
明《みん》	1368～1644年	朱子学による支配と陽明学の誕生。モンゴル・日本の圧迫に苦しむ
清《しん》	1616～1912年	女真族を統一したヌルハチが1616年に後金を建国。その子ホンタイジが1636年に清と改称、1644年、明の滅亡に乗じて北京に遷都した。日清戦争による「天下」の崩壊
中華民国《ちゅうかみんこく》	1912～1949年	日本経由で西洋文明を採り入れて近代化。排満革命から五族共和、中華民族のイデオロギーへ
中華人民《ちゅうかじんみん》共和国《きょうわこく》	1949年～	共産党革命から計画経済、文化大革命による文明の疲弊。党主導の市場経済導入、経済発展と民主化運動、汚職・腐敗。和諧（調和）社会というスローガン

中国の王朝と時代区分

三皇五帝《さんこうごてい》	古代	伝説上の古代中国の皇帝。五帝には漢族の祖とされる黄帝や善政の代名詞、堯、舜がいる
夏《か》	～前16世紀頃	伝説上の最古の王朝
殷《いん》	～前11世紀半ば頃	実在した最古の王朝。現在の河南省を中心とした黄河中～下流域。自らの領域を中原、文明を中華と美称し、「中夏」「華夏」という主張も一般化
周《しゆう》	前11世紀頃～前256年頃	東夷を討って勢力拡大
春秋《しゆんじゆう》・戦国時代《せんごくじだい》	前770～前221年	前770年の周の遷都（東遷）から前221年の秦の統一まで。前半を春秋時代、後半を戦国時代とも呼ぶ。諸子百家の孔子の儒学が広がる
秦《しん》	前771～前207年	始皇帝が強大な中央集権をつくりあげ、儒家を弾圧
前漢《ぜんかん》	前202～紀元8年	西漢とも言う。儒学を国学に。遊牧国家「匈奴」との抗争
新《しん》	8～23年	
後漢《ごかん》	25～220年	東漢とも言う。権力闘争で混乱し農民反乱で弱体化
魏晋南北《ぎしんなんぼく》朝 時代《ちようじだい》	220～589年	220年の後漢の滅亡から589年の隋による統一まで。三国時代《魏（220～265年）、呉（222～280年）、蜀（221～263年）、および魏を引き継いだ晋（265～420年）》、五胡十六国時代（304～439年）、北朝（386～581年）、南朝（420～589年）を含める

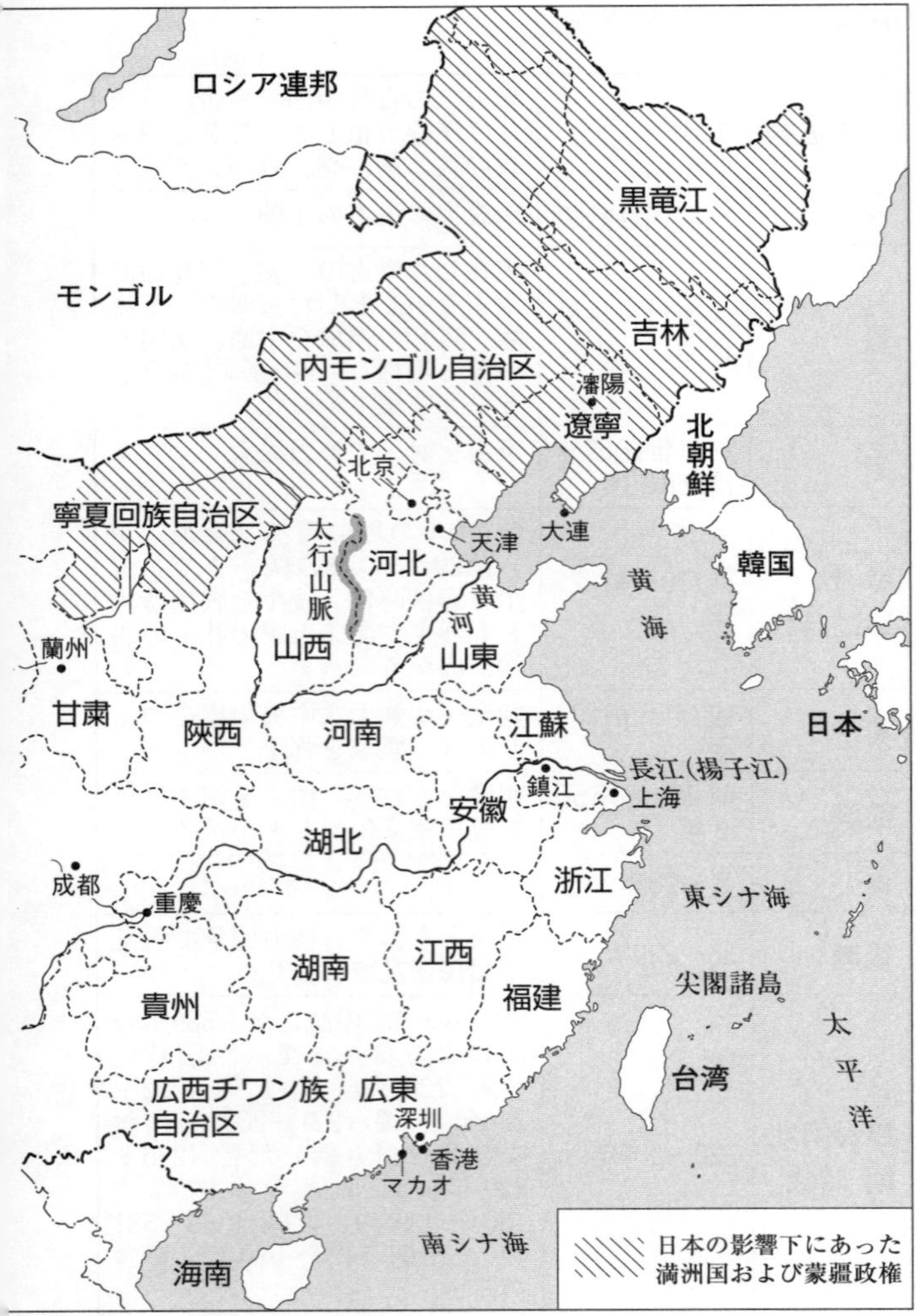
ロシア連邦
黒竜江
モンゴル
吉林
内モンゴル自治区
瀋陽
遼寧
北朝鮮
北京
寧夏回族自治区
大連
天津
太行山脈
河北
韓国
黄河
黄海
山西
山東
蘭州
甘粛
陝西
河南
江蘇
日本
長江（揚子江）
鎮江
上海
安徽
湖北
成都
浙江
東シナ海
重慶
江西
湖南
尖閣諸島
福建
貴州
太平洋
台湾
広西チワン族自治区
広東
深圳
香港
マカオ
南シナ海
海南
日本の影響下にあった満洲国および蒙疆政権

中華人民共和国地図
ウルムチ
新疆ウイグル自治区
西寧
青海
チベット自治区
ラサ
四川
ネパール
ブータン
インド
雲南

序章 習近平時代と「中国夢」

†雄大なロマンの大陸か、巨大で底知れぬ混沌か

中国という国とその文明はいつの時代も、海を隔てて小さくまとまった日本からみて対極にあるかのような存在である。雄大なロマンの大陸なのか、それとも巨大で底知れぬ混沌なのか。日本の歴史はある意味で、その姿をとらえようとして成功と失敗を繰り返してきたようなものである。

筆者が思うに、長い歴史を振り返ってみたとき、日本と中国の関係が割と疎遠であるとき、日本は自意識、あるいは政治・文化的なアイデンティティにおいて安穏としている。いやもち

ろん、常に日本を取り巻く内外の緊張があることは言うまでもない。しかし総じて、日中ともに互いを必要とせず別の方向を見ているときには、日本は日本なりに自国のことに専念しながら世界を眺めていれば良かった。その一番典型的な時代は、江戸時代と戦後高度成長期であろうか。江戸時代はそれ自体が小さな「天下」として「泰平」であったし、戦後しばらくのあいだも今思えば、安全保障の負担の大きな部分を米国に丸投げしながら、日本は平和憲法が保障する小さな平和の中で上向き志向の経済と生活を享受できていた。

しかし、日本のみでは決められない世界史の大きなうねりの中で日中両国の接触が増大するとき、日本と中国は目まぐるしく変わりゆく周辺環境と世界情勢に浮き足立ち、しばしば過度に勇み足になりもすれば、過度に警戒心を強めるきらいがあった。それは、日本も中国もそれぞれに、相手が東シナ海を取り巻く国際環境をどのようにしようとしているのか、それが自国にとってどのような意味を持つのかを測りかねていることのあらわれであろう。

とくに日本の側の問題として、中国が発する考え方や物事そのものを踏まえてその動向を冷徹にとらえるのではなく、あくまで日本の側の期待や不満のみから中国を描いてしまいがちである。その結果、日本が思っていた中国とは別の中国に足下をさらわれ、それがいっそう周辺環境への不安をかきたてるという悪循環が起こる。

もちろん、中国側にも多くの問題がある。中国は巨大かつ多くの国々に取り囲まれているた

中国共産党の軍隊と政治を擁護すれば「四つの現代化」はうまく行く、という意味だが、その結果としての「中国夢」は結局のところ、このイメージ通りの軍事国家の道か？

め、日本と比べていっそう複眼的に周辺をとらえなければならないが、そもそも自国の古い文明に対する過度な思い入れのために、周辺を等身大の他者としてとらえる習慣に欠ける。したがって、周辺の他者から思いもかけず手痛い打撃をこうむったときに（あるいは、中国が損をしていたことに気づいたときに）、そもそもその他者に関する情報を余り持っていないことから、反動として必要以上に他者に対して強硬になりがちである。

「中国の台頭」あるいは「米中二超大国の新型大国関係」なる文言がメディアを賑わす一方で、日本と中国の関係が戦後最悪になったことの大きな原因は、非常に大まかにみればこんなところではないだろうか。

しかもそれは決して一過性のものではない。

むしろ、第二次大戦後長らく国際関係の要でありつづけた米国が退潮し、国際関係が流動化したことにより、今後この状況は非常に長期にわたるのではないかと思われる。このときに至って、近年の中国に対する強い拒否感ゆえに、中国について何も知りたくないと耳目を塞ぐのは命取りである。いっぽう、これまでの日中友好論が言い古してきたような、「まずは日本が中国の理解を得るよう努力するべき」という発想も何の意味も持たない。そもそも、中国自身がこれまでの国際関係のゲームを否定して、あくまで超大国として台頭した自らの立場に沿って世界を変えようとしているのであり、日本の意見を聴くまでもなく、まずは中国のペースに日本も合わせせよ、と言わんとしているのである。

本書の目的は、まさにこのような時代の変わり目にあたり、読者の皆さんに「中国はなぜこう考えるのか」という問題を非常に長い歴史から考える素材を示すことにある。もちろん、似たような趣旨の書籍や論述はこれまで数え切れないほどあり、筆者の限られた力でそれらをしのぐ質・量を尽くすことができないのは承知のうえである。しかし、近年の急激な日中関係悪化の中で、中国に対する拒否感から、中国のことを知りたくないという風潮がはびこる現状を心から憂えるものである。そこで、なるべく平易な表現につとめつつ、極めて困難で大きな問題を読み解くための一助となることを願う。そして、長年中国に関心を持つ者として、中国の権力が引き起こす問題と一般の中国人の考え方にはズレがあること、しかし両者には同時に連続もあることを示したい。それによって読者の皆さんが、一般の中国人とは是々非々の関係を保ちながら、同時に中国の問題点にははっきりとした考えを持ち続け、問題の所在を分かっている中国の人々が中国と日中関係の将来についてより良い方向を望むのを見守る一助となれば幸いである。

†「中国夢」とは何か

ところで、日本に対する強硬な姿勢が明らかな習近平政権が、現在前面に押し出しているキーワードがある。それが「中国夢 Chinese Dream」である。とりわけ、昨二〇一三年に中国共産党・政府の新しい指導者となった習近平氏は、その就任にあたって繰り返し「中華民族の偉大な復興」なる表現とともに「中国夢」を語った。このような表現がなぜいま高々と掲げられるのかという問題を考えること自体、中国の長い歴史とその大いなる混迷を読み解く手がかりであり、かつ今後の中長期にわたる中国共産党(以下、中共と略す)政権の内外に対する姿勢を読み解く鍵になるだろう。

言うまでもなく、いかなる個人にも夢はあり、個人が集ったところに生まれる社会にも共通の夢や展望というものがある。たとえば、「日本人の夢」「日本の夢」と題してアンケートや世論調査を行い、ある時点のある社会における価値観を推し量ることもあるだろう。しかしその前提として、個人の夢や理想を追い求めるのに必要十分な社会的・文化的条件をととのえるために、国家が尽力することが必要であるし、何よりも国家が個人の夢の追求を妨げないことが必要ではないか。そして、人々のあいだにこのような期待があってこそ、はじめて国家への帰属意識や愛着も深まるというものであろう。例えばアメリカン・ドリームというものも、基本的には米国に集う国民・外国人が、米国にはこのような政治的・社会的前提があるという期待を共有することによって、日々拡大再生産されているのであろう。

しかし中国夢は違う。習近平氏が党・政府のトップに登りつめて以来の各種の演説や、その後氾濫している中国夢キャンペーンにまつわる文章を見ていると、一応「個人の幸福」とも緊密に結びついたものとして中国夢が語られていることは確かである。とはいえ、そこに圧倒的に現れているのは、「中華民族」「五六の民族」「一三億人」「人民」の「共同」「大団結」というキーワードである。

したがって、中国夢なるものの主体は、あくまで「民族」あるいは「集団」であり、またそうでなければならないという強烈な前提がある。「民族精神」によって固く結ばれた集団としての「中華民族」が巨大な力を作り出すことによって、一つの時代を切り開いてゆくのだという。例えば、習近平氏が二〇一三年三月に全国人民代表大会で行った演説は、次のようにいう。

中国夢の実現にあたっては、必ずや中国精神を発揚しなければならない。これはすなわち愛国主義を核心とする民族精神であり、改革と新たな創造を核とする時代精神である。この種の精神は、心を固めて力を集める「興国の魂」「強国の魂」なのである！　愛国主義は終始、中華民族が固く団結し、ともにあるための精神的な力でなければならない！改革と新たな創造は終始、我々が改革開放の中で時代の趨勢とともに進む（与時倶進）にあたり、叱咤激励するような精神的な力でなければならない！　全国の各族人民は必ずや、偉大なる民族精神と時代精神を発揚し、一心に団結するという精神的な紐帯を不断に強め、自ら強きを目指してやまないという精神的な力を永遠にみなぎらせ、未来に進め！

†不安ゆえの「団結」

「一心団結」を説くこの文章は、決して「親愛なる指導者・青年大将を決死の覚悟で防衛し、強盛大国の門を開けようとする」北朝鮮の空文ではない。また、かつて「億兆一心」を説いた日本人の作文でもない。世界第二位の経済大国として国際社会の尊敬を勝ち取ろうと願ってやまない中国の、最新の決意表明である。

中国は日本についてことあるごとに、日本社会の現実とかけ離れた「軍国主義の復活」を声高に叫ぶ。しかし、その中国自身が、全ての人々の意識を国家のために捧げさせ、集団として動員するかのようなスローガンを叫ぶとは一体どういうことか。とりわけ「興国の魂」「強国の魂」を「民族精神」「時代精神」とすることに至っては、一般の日本人であればその字面に強烈な時代錯誤を感じることだろう。しかし、今日の中国において「強国」の「国魂」を語り、人々が「報国」の精神を発揮することは、共産党機関紙『人民日報』から街角の広告看板に至るまで、今や極めてありきたりな光景なのである。一体どちらの国が軍国主義なのか。

そもそも、もし中国が歴史的に順調に発展し、たとえば台湾や香港のように豊かで繁栄した社会を構築しているならば、今さら敢えてかくも国家総動員的なスローガンを叫ぶ必要はない。なぜなら、人々の自覚が高く洗練され、法の支配がもたらす透明性に頼って活動できるならば、上からの動員によって叱咤されるまでもなく、互いに信頼し合いながら安心して生活を営むことが出来るからである。そのような台湾と香港において極めて強い不満や不安が生じるとすれば、中国との関係がもたらす緊張によるところが大であろう。

しかし中国の場合は全くそうではない。猛烈なスピードの経済発展により貧富の格差が天文学的に拡大した結果、今や中国の内実は一つの国家というよりも、世界の縮図のようにバラバラである。それだけでも深刻な社会不安を予感させるというのに、かつて自らを蹂躙したことがある国家（日本）が、彼らからみて「軍国主義復活」という不安に直結する「集団主義」的傾向を示していると見えるならば、心中穏やかではなくなるとしても不思議ではない。

†「正しい」集団主義と「正しくない」集団主義

このような認識あるいは誤解が成り立つ原因はいくつかある。

一つは、現実の中国国内の諸問題が余りにも大きいために、外国への警戒感を煽ることによって政権への求心力を保ち、問題の本質から目をそらさせようとすることによる。これはナショナリズム一般にみられる現象であり、中国も決して例外ではない。

別の原因は、ある政治社会から別の政治社会を眺めるとき、自らの側における発想法のみからしか別の側をみることが出来ないという、人間の能力の限界によるものである。具体的には、「自国での抑圧的な政治は不満であるが仕方がない」あるいは「敵を防ぐために《団結》は必要だ」と思う反面、他国が同じように自国に対して抑圧的であるように見える場合、敵が自らよりももっと「団結」してしまうのではないかと思ってしまい、強く反発せざるを得なくなる。これは、心理学における「ミラー・イメージの法則」と呼ばれる。自分自身におけるマイナス感情を他者に重ね合わせ、そこから受ける悪印象によって、ますます自らの不満や反発を強めてゆくという作用である。

ある政治社会を覆う心理がこのようなものであるとき、防衛本能と攻撃性はなかなか変わり得ない。だからこそ、日本の「集団主義」「右傾化」は許せないが、我々中国にとっては「集団主義」「愛国主義」は絶対に必要であり正しい、ということになってしまう。

†魯迅の教訓

したがって、中国の立場は「二重の基準」であり、自己矛盾である。

論語では「己の欲せざるところ、人に施すことなかれ」という。冷静に考えれば、中国が日本に行使されることを欲しない集団主義・軍国主義を、もし中国が行使するのであれば、それは儒学も説くところの人間理性に反するのではなかろうか。

一見中国は、「中国夢の実現は、世界の平和的な発展とも完全に方向性を同じくしている」と繰り返し強調し、世界中の中国脅威論を強く牽制する。しかし往々にして、理性を名乗る人々は、自らの「正しさ」を心の底から信じるあまり、自分自身のどこに問題点があるのかを自覚せず、責任は全て他者にあると見なすことで安心感を得ようとするきらいがある。そして、いつの間にか「自分自身が主張する内容は正しい」というすり替えが発生し、張りめぐらされた政治教育やメディアを通じて刷り込まれてゆく。

しかしこれでは、何の解決にもならない。かつて中国近代文学を代表する作家・魯迅が「狂人日記」の中で記した通りではないか。

自分では人間が食いたいくせに、他人からは食われまいとする。だから疑心暗鬼で、お互いじろじろ相手を盗み見て……。

こんな考えを棄てて、安心して仕事をし、往来を歩き、飯を食い、睡ったら、どんなに気持ちがいいだろう。それはほんの一跨ぎ、一つの関を越えるだけだ。だが、やつらは親子、兄弟、夫婦、友人、子弟、仇敵、それに見も知らぬ他人同士までいっしょになって、お互いにはげましあい、お互いに牽制しあって、死んでもこの一歩を踏み越そうとしないのだ。（魯迅・竹内好訳『阿Q正伝・狂人日記』岩波文庫、二一六頁）

†他者の夢を強いられた中国

かつて一九・二〇世紀の歴史は、まさにこのような「自分は食い、他人には食われまい」とする歴史であった。筆者は、日本がかつて他国を食う立場にあったことについて、日本人の一人として強く遺憾に思うものである。しかし一方、かつて「食われた」国々が「食う」側に回るかのような発想を示すならば、それこそ歴史に学ぶ行為とは言えない。だからこそ改めて、個別の矛盾や対立を全面的な対立へと転化させず、相互の信頼を少しずつ増して行くための「ほんの一跨ぎ、一つの関を越える」行為が必要である。このような考えは、国や地域の違いを問わず広く共有されているものと信じたい。

しかし残念ながら、中国夢を掲げる人々には、このような考えは余りないらしい。なぜなら、彼らは単に現状に不安を感じて「一心団結」を説くだけでなく、そもそも歴史的に「正常」な道筋をたどっていたはずが、ある時点から外来の勢力によってそれが許されなくなったという、曰く言いがたい喪失感を根に持っているからである。中国共産党のポータルサイト『中国共産党新聞網』に掲載された「中国夢」キャンペーン論文の中に、一例として次のような文章がある。

> **中国はかつて、自我において主体的な夢想者であった。**その夢想とは、自我の理想とする将来像であり、すなわち**中央の王国が四方の周辺を礼楽で取り込む「天下」の光景**であった。しかし近代に入り、文化と制度の落後のため、我々自身の未来の理想という夢は、現代の欧米の夢とは対抗できなくなった。我々は自己陶酔の夢から驚き醒まされ、他者の理想を自らの将来像とし始めたのである。近代以来、我々は一貫して夢を見てきた。しかしその夢はどれも全て他人の描いた夢物語の風景（「後花園」的景色）に過ぎなかった。すなわち、**我々が自分の夢を描こうとしたとき、他者の夢をある種の切り接ぎを通じて自分の夢としてきた**ということである。（韓震「中国夢的国家認同与文化認同」『中国共産党新聞網』二〇一三年七月八日。太字は平野による）

これは要するに、中国は古来完全なる文明として理想を高らかに掲げ、その他の世界全体の尊敬を勝ち得てきたはずであったにもかかわらず、西洋列強の出現以来完全に圧倒されてしまい、むしろ西洋文明の後塵を拝してきたという屈辱と悔恨の感情にほかならない。とりわけ、《中国自身が主体的に創造し夢想する》という立場が否定され、《他者の夢を受け容れさせられた》ことは、本来あるべきではなかったという。これは、多くの日本人の読者にとっては容易に理解しがたいほどの強烈な主張であるかも知れない。

†二〇〇八年に世界の潮目は変わった

しかもこの文章の著者は、北京外語大学の校長である。外国語と外国文化に親しむ立場であるはずの者が、かくも中国中心の立場への渇望を表明するとはどういうことか。そこで、この文章の続きを見てみよう。

今や我々の中国夢は明らかに、中華民族の偉大な復興へと向かっている。そして、この栄えある夢はますます明確になり、ますます実現に近づいている。（中略）

中国夢とは、人に奮闘と前進を促す戦いの鼓であり、一人一人の中華の子女の心に響き渡り、我々が自分自身の理想の夢を追求するよう大いに鼓舞している。中国夢とは、想像力と創造性の夢である。中国夢とは、行動力の夢でもある。中国夢を実現するということは、それを思想と観念の中の純粋な理想にとどめるということではない。行動の意志を大いに激発し、しかも行動の能力を兼ね備えた夢でなければならない。美しい未来は我々に手招きしている。そのことが中国人民の創造と創新、そして世界の発展を牽引するのだという「万丈の豪情」を激発しているのである！

「意志の力と戦いが世界を導く」ことを声高に叫ぶ、どこかで見覚えのある文章を、単に「白髪三千丈」式の大袈裟な美辞麗句と見なすべきではない。「中国」「中華民族」が主語となって、戦闘的かつ爆発的な行動と意志をたぎらせることが必要だという考えに対して共鳴する人々が、少なくとも八千数百万人の中共党員を超えて存在する可能性が高い。

しかも、そんな中国夢の沸騰する勢いは、北京五輪とリーマン・ショックが起こった二〇〇八年以後決定的なものになっているという。現在、中共中央宣伝部で宣伝工作の中心にいると思われ、「中国夢キャンペーン」で盛んに引用されている公茂虹氏の文章「中国夢：中国在当今世界的斬新形象」（『中国共産党新聞網』二〇一三年七月二日）を引用してみよう。

世界文明史からみれば、中国夢は、華夏文明が世界文明の中心から転落し、西洋現代文明が世界を導くという潮流の中から興った。そして今や、西洋現代文明の光芒に暗い陰りがあらわれ、中華文明の世界的価値が再び大いに花開こうとしている現実を反映している。中国夢という現実の力量は、二〇〇八年の北京五輪開幕の際にすでに明確に現れ、二〇〇九年に入ってから、この力量はさらに突出して現れるようになった。

この文章においても即座に、西洋文明に対する強烈な対抗意識を読み取ることができるとして、少なくとも現在の中国夢なるものの背景にあるのは、北京五輪を成功させ、リーマン・ショックによる景気の冷え込みを胡錦濤政権の集中的なインフラ投資で表向き乗り越え、世界経済の牽引役として一世を風靡した中国の「自信」であることは間違いなかろう。そして、深刻な失業や経済不振にあえぎ、中国との協力を望むあまり、人権問題やチベット問題をめぐって強い立場に出るのを諦めた西欧諸国との対比があることも明らかである。

そして矛先は米国に対しても容赦なく向けられる。

〈中国夢は〉中国のハード・パワーの増大が一定の蓄積に達し、ソフト・パワーを自覚しつつあるという現実の上に打ち立てられるのみならず、アメリカン・ドリームが破綻を見せ始めたという現実の上に打ち立てられるものである。二〇〇八年よりも前、国際社会、とりわけ西側社会は、中国に対して偏見や差別に満ちた見方をしており、さらには極めて根の深い道徳的優越感を抱いていた。それらを掘り下げてみれば、それらは経済的優越感・文化的優越感・政治的価値観の優越感、さらには種族的な価値観が一体となった、集団的心理による潜在意識であった。しかし二〇〇八年八月以後、僅か数ヶ月のうちに、これらの覆いは一つ一つ撃破されたのである！

†中国モデルこそ二十一世紀の希望？

では、本当に「西洋現代文明が陰りつつあり、中華文明が再び花開きつつある」のかどうかはさておき、なぜ現在の中国文明は西洋文明に対して優越するというのか。

中国の発展の道とは、世界人口の五分の一を占める古い文明が、僅か数十年のうちに、対外的な搾取や侵略をすることなく、他の種族に対する奴隷的使役や圧迫を強いることなく、完全に自らの民族の勤勉・忍耐・智慧によって、他者から信用され、後に続く国家にとって見習うに値するようなものを造りあげたという復興の道である。その世界的な意義はまさに国境を超越し、世界の至るところにおいて溢れ出ている。（中略）中国の発展が世界に与える影響からみれば、世界は、中華の智慧が充満し、中華の暖かさを帯び、世界の発展を推進するような中国夢を渇望している。

要するに、中国文明はあくまで主体的に、他の誰をも傷つけず、誰からも尊敬されるという完全なる文明なのだという。その中国が僅かな期間で改革開放を実現し、後に続こうとする発展途上国の手本となることで、「誰かを傷つける」西洋文明に対する優越性、そして二一世紀におけるソフト・パワー性が明らかだということになる。

したがってこのような発想は、もしかすると自信過剰な「正しさ」に対する謙虚な心理の必要性や、「己の欲せざるところ、人に施すことなかれ」という表現をそもそも超越しているのかも知れない。中国文明は過去から未来に至るまで世界史を主導するはずであり、西洋近代はたまたま二世紀弱にわたり中国文明を邪魔したものの、今やその暗い雲も晴れ、中国文明が本来の主体性と能力を無限に発揮するときが来た、という類いまれな性善説的発想のあらわれなのである。

そこで、北京五輪の開幕式を思い出さないわけには行かない。贅の限りを尽くしたマスゲームを彩ったのは、中国文明のさまざまな発明がどれほど世界史の発展に貢献したか、というテーマに基づく一大絵巻であった。確かにあのとき、中国はこれまでも、そしてこれからも中国のやり方で生きてゆくという気迫を見せつけられたものである。そして、まさにこの頃から中国の外交政策が極めて高圧的なものに変わり始め、漢語を母語としない少数民族（チベット・ウイグル）との摩擦が激化し、尖閣に限らず南シナ海やヒマラヤなど周辺国との領土問題も深刻になったことを思い起こすにつけ、イデオロギーとしての中国夢の理論化も、この頃から共産党の世代交代を見据えて始まっていたのかも知れない。

しかし、これまで簡単に中国夢の内容をかいつまんでみただけでも、これは中国夢を共有しない外部の者にとって理解しがたい。いっぽう、中国では強い共鳴を引き起こしているのも事実である。すると、その背景にある《中国夢の歴史》、すなわち中国自身の過剰とも言える自文明への信仰はなぜ生まれ、正当化され、近代史の苦痛・煩悶を通じて改めて大いに強化されているのかという問題をさらに掘り下げてみる必要があろう。そこでしばらくの間、読者の皆さんの内心に大いなる違和感を引き起こすかも知れないが、筆者自身が敢えて中国文明の立場に沿うことで、なるべく簡にして要を得た説明をしてみたい。

第一章　自足と調和の中国文明

†人間は本質的に不平等である

なぜ中国文明は普遍的なのか。彼らなりの結論から言えば、そもそも中国文明が生まれ、拡大してゆく過程は、一定の段階に至るまで常に、より「優れた」中国文明が恩恵あふれた《教化》を行い、より「劣った」漢字を用いない人々が中国文明を尊敬するというものであった。しかも、その優劣の構図は必ずしも一方向的なものではなく、双方向的ですらあった。

この歴史的現象ないし事実に対する揺るぎなき信頼と確信こそ、中国文明における世界観の核心を占めるものである。

文化相対主義、あるいは異なる国・文化どうしの相互尊重による多様な共存という、今日我々が慣れ親しんでいる（はずだと願いたい）考え方とは全く対極にある発想を、我々はどうとらえればよいのか。

ふつう、相互尊重ではない上下関係・差別の関係は、人間社会を緊張に陥れる諸悪の根源ですらある。しかし中国文明の立場は、そのような批判が自らに振り向けられれば、ただちに「単に強きものが弱きものを貪る《覇道》であり、近代西欧や日本のやり方に過ぎない」として否定するだろう。むしろ中国文明の伝統的立場が強く説くのは、まず差別があること、そして強きものが弱きものの上に君臨するという鉄の事実を互いに率直に認めることであり、そのうえで共存を実現させようという構想である。とりわけ、誰もが今そこにある上下関係を厳しく守ったうえで、上に立つ者が徳・思いやりを示すことによって、本当の調和が社会に満ちあふれ、究極の平和と共存が実現すると説く。

逆に、もしお互い対等な立場を前提として、自由の名のもとに野放図な主張が垂れ流されるならば、世界では争いが絶えない。その混沌の中で疑心暗鬼にふけるよりも、世界のもう一つの真実、すなわち不平等・上下・優劣の存在を前提として、それを理性的に操作する方が、より現実的な人間精神に沿うのではないだろうか。このような世界観こそ、中国文明ならびに漢字文化の拡散過程と切っても切り離せないものである。

徳治・礼治の頂点である北京の天安門。その上で毛沢東が平等な人民の国家の成立を説いたことの矛盾を想像されたい。

†伝説の聖人たち

そこで、具体的な歴史の過程をかいつまんでみたい。

中国文明の源流は果たしてどの時点まで遡ることができるだろうか。今日では、中国文明・漢人の始祖は伝説の帝王・黄帝であるとされ、その誕生以来今年で四七一五年となる（西暦二〇一四年現在。他に複数説あり）。陝西省の黄土高原には現在「黄帝陵」なるものが存在し、例によって「中華民族の精神を激発する」愛国主義教育基地として喧伝されている。

しかし例えば、日本の『古事記』の超常現象に満ちた世界は、果たしてどこまで真実であるのか、議論の余地が大きい（なお日本国学の祖・本居宣長は、『古事記』に不可思議な世界が活写されていること自体、伝承としての『古事記』の真実を示すものであり、それを疑うことは「素直な《やまとごころ》」から外れ、「さかしらな《からごころ》」に汚染された状態である、と力説する)。それと同じく、伝説の世界の黄帝が実在の人物であったかについては疑問の余地が大きいとされる。そもそも、中国で多くのエリートの心に「黄帝」の二文字が強烈に刻みつけられるようになったのは、二〇世紀に入ってからの話である(この経緯において日本の存在は極めて重要な意味をもつので、第四章で触れる)。

前近代の中国文明においては黄帝よりも、彼から四〜五世代くだった堯《ぎょう》と舜《しゅん》の方が重要であった。なぜなら、彼らは非の打ちどころのない善政の代名詞として深く心に刻まれていたからである。

たとえば『十八史略』におさめられた「鼓腹撃壌」という物語は、堯・舜のころの善政を象徴している。堯が庶民の服装に身をやつして民情を視察したところ、民衆は愉快そうに腹鼓を打ちながら地面を踏みならし(撃壌)、「帝力いずくんぞ我にあらんや」と歌っているではないか。ふつう「あんな権力者など知ったことか」という民衆の声を聞いた権力者は、怒りと無力感に苛まれるかも知れない。しかし、この程度の権力者は心の狭い凡人に過ぎない。むしろ、堯はその声に心から満足した。なぜなら、民衆が権力者の存在を意識して怯えることなく我が世の春を謳歌することができるならば、それこそ調和に満ちた統治の極みだからである。

「越後の縮緬《ちりめん》問屋の御隠居」に身をやつした水戸光圀公が諸国を漫遊し、勧善懲悪につとめた物語を見慣れた多くの現代日本人にとって、このような「民を近くで秘かに見守りながら善政につとめる」君主像は、どこか見覚えと親しみを感じないだろうか（なお、実際の水戸藩主・徳川光圀は謹厳な学者政治家であり、間違ってもテレビドラマのような好々爺ではない）。とはいえ『水戸黄門』の場合には、徳川家の家紋が象徴する圧倒的な「御威光」のイメージとともに悪を倒すものであるので、そのような特殊な「仕掛け」に頼らなければならないこと自体、まだ完全な支配ではない。荘厳な効果音とともに葵の徳川家紋があらわになり、悪党がひれ伏す瞬間を期待するかぎり、筆者を含め視聴者の側における理想の支配への理解は未熟なのである。

中国文明における理想の支配とは、「民は由らしむべし、知らしむべからず」（『論語』）というように、すぐれた人格の聖人君子が良き統治に徹することによって、民衆がその徳になじみ、善政が実現することである。その過程は、事細かく説明する必要がなく（＝分かりやすく）、民衆にとって無自覚であるほど良い。

なお、この表現をめぐっては、「権力者が民衆に大事なことを知らせず服従させ、自らは権力の甘い蜜を吸うという愚民政策の象徴である」という批判も根強い。しかし筆者のみるところ、それは聖人君子のあり方をめぐる解釈として適切ではない。そもそも、権力の悪を無条件に勧める議論が、どうして長い歴史的生命力を持ちうるだろうか。そんな支配は永続せず、呆気なく潰されることだろう。もちろん、現実の中国文明の歴史は、そのような権力の腐敗と切っても切り離せないものであり、この問題をめぐる根本的疑念が、日本の近代化と西洋文明摂取にも大きな影響を及ぼすことになる（第三章で述べる）。

†都市の文字文明＝「中國」の誕生

ところで、「五帝」時代の君主をめぐる伝説は、のちに春秋・戦国時代になると、覇者の座を競うそれぞれの国が自国の立場の「正しさ」を他国にむけて説明するときに強調されるようになった。では、どのようにして「前の王朝の栄光を後の王朝が受け継ぐ」リレーが出来上がったのか。そのような過程における原動力は一体何なのか。

それはすなわち、黄河の中流～下流域における漢字文化と都市文明＝中国文明の発生と成熟にほかならない。

東アジアの大陸部に生まれた新石器時代の文化が都市文明へと転化しはじめたのは、今日の河南省洛陽市を中心とした地域においてであった。ここから西は山岳が多く、東へ行くほど塩分の多い土壌になるのに対し（中国地図を見ると、上海から北では海岸に近づくほど都市がまばらであるのはこのためである）、洛陽周辺は気候も土壌も良い。のみならず、黄河の流れもここから上流では激流であり、下流では次第に幅が広くなるため、いずれにせよ渡りづらい。農耕へと移り始めた文化が次第に高い生産力と技術力を持つようになり、やがてそこに本格的な権力が生まれたとき、彼らは周囲の人々が持たない技術や知識を用いて支配地の経営につとめた。そして、まさにそのような技術力や知識力の違いゆえに、周囲の人々に対する優越を主張し、次第に支配に組み込んでいった。

このとき非常に大きな意味を持ったのが、やがて漢字へと発展してゆく甲骨文字、ならびにそれを刻印した青銅器などの「文明の利器」の存在である。洛陽周辺を拠点に支配を拡げていった権力は、武器と人間の存在を組み合わせて「或」、さらに土地を組み合わせて「域」を称し、それが周囲と比べて抜きんでた存在であることから「中或」「中域」と美称するようになった。この都市文明が周囲に城壁を築き、「劣った」農耕地域との区別を明らかにするにつれ、「中國」という呼び方が生まれた。

したがって「中國（国）」とは本来、周囲と隔てられた輝ける城壁都市ならびにその文明を指すものである。決して今日のような、無数の都市と農村を包み込む広大な領域を意味していなかった。

†「中國」への思慕

このような「中國」の原型にあたる都市国家として、夏・殷《いん》といった王朝の存在が知られている。このうち夏については資料が少なく、伝説的な部分も少なくないといわれる。いっぽう殷王朝は、甲骨文字や殷墟（墟は都市の意）の存在から、明確にその存在が確認されている。その殷王朝以来、「中國」が拡大・発展し、自らの領域を「中原《ちゅうげん》」、自らの文明を「中華」と美称するようになるにつれ、夏王朝の存在と自らの連続性を意識して、我こそは夏の正統を引き継ぐ「中夏」「華夏」である、と主張することも一般化した。とりわけ、殷が桀《けつ》・紂《ちゅう》といった残酷な王の支配によって衰退し、殷に代わって西から起こった周が新たな支配を打ち立てて以来、「中國」「華夏」「中華」たる都市国家にふさわしい資質は何か、という問題をめぐる思考も深められていった。

それと同時に、「中國」「華夏」「中華」と呼ぶにふさわしい文化的水準を満たさない人々を夷狄《いてき》（野蛮人）と見なす思考が一般化していった。これこそが、今日に至るまでの東アジアにおける政治・文化思想を固く縛り続ける**華夷思想**の起源である。

周辺の諸集団は、殷・周による「我々こそは優越せる中國・華夏なり」「お前たちは夷狄だ」という主張に直面したとき、果たしてどのような対応をとったのか。今日の日本人がすぐに思いつくひとつの選択は、「我々が彼らに劣るはずはない」と判断して我が道を行く、というものであっただろう。

しかし、当時の「夷狄」はそのような対応をとらなかった。むしろ、青銅器に甲骨文字→漢字を刻み、「夷狄」に対して華美や威厳をひけらかしながら高度な文書行政を行う夏・殷・周＝「中國」「華夏」に対し、羨望のまなざしを注いだ。そして、いつかは我こそがその地位にとって代わろうとした。そのためには、自らも甲骨文字→漢字や高度な技術を学べば良いではないか。しかも、今日の陝西省から興った周王朝自体、そもそも殷からみれば「西戎《せいじゅう》（西の野蛮人）」であった。その周もやがて「華夏」の継承者となり、周囲の「夷狄」がうらやむ文明の高みに君臨したではないか。

したがって、周が衰えて春秋・戦国の乱世となるにつれて、かつて「東夷《とうい》」「南蛮《なんばん》」「北狄《ほくてき》」扱いされた人々が、我々も「華夏」として認められる都市国家として台頭しようではないか、と色めきたった。

†儒学の本質

そこで、さまざまな思想家が入り乱れ、覇者を目指す諸王朝に遊説してまわった春秋時代、「諸子百家」のひとりである孔丘（孔子）は、このような願望を抱く斉王朝に接近し、「華夏」の理想の君主の資質として「礼」という要素を強調するようになった。

「礼」とは何か。ふつう現代の日本社会に生きる人々は、「礼」といえば礼儀作法のことであり、お互い気持ち良く社会生活を享受するための基本的な美徳である、と理解しているのかも知れない。もちろん儒学も、このような「形から入る」ことの重要性は否定しないし、むしろ勧めている。

しかし儒学の「礼」は、このような形式的な作法のみを説いているのではない。彼らが主張するのは、この世のありように対する深い理解と、それに対して責任を持つ聖人の資格についてであり、聖人が万物を調和させるための最良の手段として「礼」という価値・規範を強調しているのである。

そもそも、天地万物が本来のあるべき姿をとり、その中で人間はもとより全ての生霊が調和ある生活を営むことができるのはなぜか。全ての存在を貫く法則＝「天理」が存在するためである。これに比べれば、前世や来世といったものや、超越的な神といったものは、実在を確認できない。

しかし現実には、洪水や干ばつなどの天変地異が起こるし、個々の人間も善人から悪人まで千差万別、社会は富み栄えることもあれば乱れ滅びることもある。このため、人間は不安の中で、超越的な神や前世・来世の説にすがってしまうかも知れないし、悪行に手を染めてしまうかも知れない。しかし、それでは現実を生きる人間の理性的な態度としてふさわしいだろうか。それは、「天理」を理解して実践するための心の眼が曇っているためであり、邪気によって妨げられているためである。

総じて、堯・舜以来の聖人や、「華夏」諸王朝以来の歴史をみるにつけ、優れた聖人君子が君臨するときには王朝・社会も栄え、殷の桀・紂のような残虐な君主が君臨すれば王朝・社会も廃れる。これを「天人相関」という。天の動きと人の動きが連動し、現世における「天理」の現れ方に違いが生じていることのあらわれである。

したがって、聖人君子として現世社会に君臨しようとする者は、心の調和（中庸）を常に保ち、天理の具体的な現れ方を究めるとともに（具体的には『易経』で論じられる）、自分の家族・朋友関係にはじまる人間関係の輪をより良く調和させるため、まず自らの人格を不断に高めてゆかなければならない（具体的には『大学』で論じられる）。なぜなら、自分の身の回りのことすらも立派に整えることができない人物が、「天理」を理解して天下・国家を保つことなどありえないからである。

では、人間関係を保つための根本的な秘訣は一体何であろうか。答えは簡単。あらゆる人間、そして生霊が、すべて親から生まれ、やがて子を産むことを考えれば、上下関係を厳しく保つことが最も重要である。上下関係は、家族のみならず主君と家臣・先輩と後輩など、社会の様々な場面にあまねく存在するが、これらも血縁関係と同様に上下関係としてとらえ、上の者が下を慈しみ、下の者が上を敬うならば、誰もが安心と満足を得ることは言うまでもない。**修身・斉家・治国・平天下。**何と素晴らしい上下関係の予定調和ではなかろうか。

もちろん、理想の君主だけでなく一般庶民のあいだでも「天理」が明確に行き渡れば、その社会は万全である。だからこそ理想の君主は、臣下や庶民に対する「教化」に努めるとともに、内心の徳を高めなければならない。

一家に仁愛の徳が満ちあふれると国じゅうが仁愛を行おうとしてふるいたち、一家に謙譲の徳が満ちあふれると国じゅうが謙譲を行おうとしてふるいたつ。しかし、君主一人の身が貪欲（不譲）ででたらめ（不仁）であれば、国じゅうが騒乱を起こすことになる。
（『大学』第五章。金谷治訳注『大学・中庸』岩波文庫）

†「和」と「武」の関係……易姓革命の論理

以上にみたように、儒学の「礼」は何よりも、「天理」にもとづく法則と道徳心の修養、そして上下関係を守ることによる「和」を尊ぶ。『中庸』では次のようにいう。

喜・怒・哀・楽などの感情が動き出す前の平静な状態、それを中という、感情は動き出したが、それらがみな然るべき節度にぴたりとかなっている状態、それを和という。こうした中こそは世界中の偉大な根本であり、こうした和こそは世界中いつでもどこでも通用する道である。中と和とを実行しておしきわめれば、天地宇宙のあり方も正しい状態に落ちつき、あらゆるものが健全な生育をとげることになるのだ。(『中庸』第一章。前掲『大学・中庸』)

和といえば日本の「和」の精神を指すかもしれない。しかし、この漢字を生んだ中国文明の文脈では、あくまで儒学の理想が実現した状態であり、中国文明が立ち返って確認するべき根本を意味する。

二〇〇八年の北京五輪マスゲームにおいて、中国文明の発明のひとつ、活版印刷を人文字で表現した際、「和」の字が現れて「何事か」と驚いた読者もおられよう。それは単に、当時の胡錦濤政権におけるスローガン「和諧(調和)政治」を象徴しているのみならず、古く巨大な中国の文明世界がいま改めて世界に向けてその不死鳥ぶりを見せつけ、復古的でありながら同時に新鮮な真理を提示しようという気迫のあらわれなのである。

しかし、現実の中国は決して調和ある社会ではなく、常に争いが絶えない。そもそも夏・殷・周といった古代王朝以来、中国文明の歴史は武力による政権奪取をはじめ、数え切れないほどの騒乱に満ちている。

騒乱が起こるということは、儒学が目指す調和がかき乱された状態を意味する。では「それは決して許されない、いかなる不満があっても下の者は上下関係を守らなければならない」と考えるべきなのか。答えは否である。何故なら、社会の乱れの根本は、君主が「天理」をわきまえず、自らと世の乱れを放置したという不徳によるからである。そのような君主は既に君主としての資格＝「天命」を失っているので、武装反乱で排除されるのは当然ではないか。

したがって、反乱を起こした人間は失敗する限り反逆者であるが、反逆の成功自体、「天命」が自らの側にあることを示す何よりの証拠であり、その瞬間から反乱の指導者は新たな聖人君子となる。**「正しい乱」は許されるし、天の意志にかなう。**

このような反逆の過程と論理を「**易姓革命**」という。天が命を革《あらた》め、聖人の姓を易《か》える、という意味である。したがって、聖人君子の支配においては、必要とあらば武力も当然肯定されるし、易姓革命で生まれたあらゆる王朝の指導者には血なまぐささが漂うことは否めない。

†「天下」を包む「礼治」

こうして中国文明の歴史が、「華夏」と「夷狄」、徳のある者と徳が失われた者のあいだの争奪戦の歴史となるにつれ、権力の座にある者はいっそう、ある誘惑と必要にとらわれる。自分はどれだけ徳があり、上下関係の頂点たる天子＝皇帝（天子は天に対する、皇帝は下々に対する名称）にふさわしいかを、天地万物（とりわけ人類一般）に広く知らしめなければならない。そのためには、具体的な儀礼＝礼楽をとりおこない、下の者を満足させなければならない。

もっとも、より率直にいえば、現実には「華夏」の力が弱く、「夷狄」の全てに理想の政治を及ぼし得ないことの方が常である。中国文明が本当に世界全体を支配し、威光を及ぼし得たことは未だかつてない。しかも「夷狄」には様々な集団がおり、「華夏」の輝きに対して何の憧れも抱かず、内外ともに乱れた状態の荒々しく恐るべき存在もいる（やがて中国文明からみて、その最たる存在は日本となってゆく）。

では、これら「夷狄」を満足させつつ、天子＝皇帝が「天下」を平らかにするという大原則を貫くためにはどうすれば良いか。「華夏」の都市国家における君臣関係を、そのまま「夷狄」に対しても拡大すれば良い。

これが、日清戦争の敗北（一八九五年）まで連綿と続いた具体的実践、すなわち「天下」を覆う「徳治」「礼治」である。天地万物の中に「華夏」と「夷狄」の違いがあるのは否定しがたい現実であるものの、「夷狄」が「夷狄」のまま捨て置かれるのは、「華夏」の側としても憐れで忍びない（本音としては、恐ろしい）。そこで、たとえ「夷狄」であっても「華夏」の君子の徳をたたえ慕うのであれば、臣下として優遇するとともに然るべき立場を与え、「天下」を支える一員とする。こうして、「華夏」も「夷狄」もともに満足を得られる。

†朝貢関係の原理

具体的には、まず「華夏」の側から「夷狄」に対して臣下となるよう呼びかけ、それに応じた国には**朝貢国**という地位を与え、その支配者を国王に任命する。そして、国王の名代として挨拶（朝貢）に来た使節を皇帝が厚くもてなし、下賜（おみやげ）として珍奇な品物や独占貿易の利益を与えることで、莫大な恩恵に与らせればよい。

さらに、朝貢国における支配者の代替わりごとに、皇帝の側から使者を送り（冊封使＝さっぽうし・さくほうし）、新たな国王に任命する儀式（**冊封**）を執りおこなう。これによって、現実の支配の範囲を超えた「天下」の君臣関係が再確認され更新される。こうして天子＝皇帝は、自らの立場（面子）を保つことができる。同時に、朝貢国の国王としても、皇帝のお墨付きを得ることで自国内での立場を保つことができる。

このような関係を歴史用語で**朝貢関係**（**冊封関係**）と呼ぶ。

では、いったん朝貢関係が結ばれ、「華夏」の皇帝と小国の国王が君臣となったからには、国王は何事も皇帝の指示・命令に従わなければならないのだろうか。

少なくとも朝貢の頻度は、皇帝の側が決定するものであり、臣下である朝貢国が「無限の忠誠」を示すために頻繁に使節を送ることは許されない。なぜなら、皇帝は「徳」のあらわれとして、朝貢使節が持参した貢ぎ物の数倍の価値をもつ贅沢な下賜品（おみやげ）や朝貢貿易の利益を供与しなければならず、朝貢関係は基本的に「華夏」の側の多大な負担によって維持管理されるからである。忠誠心が薄く、利益のことしか頭にない、見せかけだけの朝貢国が我先にと殺到する事態は防がなければならない。したがって、たとえば最も忠誠心ある朝貢国とされた朝鮮や琉球＝沖縄は、毎年の朝貢が認められた。これに対し、遣唐使廃止以後の日本はほとんど朝貢関係を持たなかったが、例外である足利義満の時代には十年に一回の朝貢が認められた。

いっぽう、朝貢儀礼をどのように行うかという問題を除けば、朝貢関係は原則としてそれぞれの朝貢国の自己決定に影響を及ぼさなかった。そもそもほとんどの場合、朝貢するもしないも朝貢国側の判断によるものであり、「華夏」は徳を振りかざして呼びかけるのみで、基本的に無理強いはしなかった。このような状況は、歴史用語で**「属国自主」**と呼ばれる。朝貢国は、「礼」の君臣関係では「天朝」の属国であっても、その他の場面では自主であり、「天朝」をいとなむ「華夏」の側では介入・関知しないということである（もっとも、その僅かな例外が、中国と東アジアの近現代史にとって極めて重大な意味を持つことになる。詳しくは第三章で述べる）。

総じて、朝貢関係はきわめて不平等な関係である。しかし同時に、現実の力関係の強弱・文化的な高低をそのまま認め、それにふさわしい関係を基本的に武力を用いずに構築するのであるから、ある意味で極めて平和的で合理的だ、という判断は十分ありうる。

†祖先崇拝と宗族

いっぽう、このような上下関係による「天下」の調和のなかに一般庶民も組み込まれたからには、自らも有徳の君子に近い存在であることを示す必要、あるいは欲求が生まれる。そもそも『大学』がいうように、家庭の調和こそ天下国家の調和の第一歩ではないか。

しかも、儒学の「礼」は万人に開かれている。それを実践して社会的に認められれば認められるほど、「聖人」に近い存在として誉めたたえられ、立身出世につながる。上下関係は単純に人間を縛るものではない。上下関係のそれぞれの段階にふさわしい振る舞いが出来る人間を、自ずとその段階・位置につけるという柔軟なものなのである。

では、家庭における「礼」の最たるものは何か。家父長への尊敬もさることながら、一族の繁栄の起源となり血脈をもたらしてくれた祖先への絶対的な感謝と崇拝こそ、最も分かりやすいものではないか。

そこで「礼」としての祖先崇拝が、孔丘以来の儒学において強調され、社会規範として広まっていった。このような、共通の祖先にはじまる「長幼の序」によって結ばれた血縁集団のことを**宗族**という。

宗族の規模は、日本における家族関係とは比較にならない。有力な宗族であるほど、共有財産に裏付けられた強力な組織（今日では宗親会と呼ばれる）を持ち、ある個人が共通の祖先から数えて何代目にあたるかを記した**族譜**がつくられる。したがって、宗族の中における上下関係は一目瞭然であり、ふだん疎遠な人間同士であっても、いったん族譜を手がかりに同じ宗族であることが判明すれば、以後緊密な関係をつくることができる。

こうして個人は、宗族という集団の中で確実に居場所を得ることができるのであるから、族譜のない異文化と比べてはるかに「人間の安全保障」にかなっていると言えないだろうか。人間は個人として自立しているのではなく、血縁集団の上下関係の中に位置づけられることによって、はじめて自らの存在する意味を確認でき、これを媒介として天地万物に対して貢献できる、というのである。

†「漢」とは何か

以上にみたように、中国文化の「礼」のシステム、とりわけその集大成たる儒学は、「天理」のあらわれである上下関係による調和をめざして、家族関係、君臣関係、治者と被治者の関係、そして「華夏」と「夷狄」の関係……といった森羅万象を解釈しようとする。

そして、ゆくゆくは天下の全てが「華夏」の気風に染まれば、「大同」の理想が実現する。

これは「万物一源、天下一家」「普《あまね》き天の下、王土にあらざるなし」(『詩経』)の理想の境地でもある。「華夏」の側としては、「夷狄」が自らを真似ることを、どうして拒否する理由があろうか。むしろ心から歓迎するべきではないか。

昨今の中国をめぐっては、例えば北京近郊に出現したディズニーランドの模倣、あるいは四川省に出現した機動戦士ガンダムの模倣が話題を誘い、欧米・日本といった「西側」諸国から批判を受けるなどした。しかし筆者が思うに、そもそも中国文明には無許可の模倣を罪ととらえる発想は存在しない、または希薄なのではないか。「夷狄」に対して自らの「礼」を無制限に模倣することを大いに許し推奨することにより、途方もない長寿と広がりを見せてきたことこそ、中国文明の度量の本質だからである。狭い個人的利益に過ぎない著作権に固執するよりも、優れた発想は自由に模倣や改作を許してしまうほうが、社会的便益はもとより作者自身の名声も高まるのではないか……。このような、現代日本も決して無縁ではない著作物の二次利用をめぐる問題が、中国文明の拡大力学と何となく重なるように思えるのは筆者だけであろうか。

実際、今日我々が漢人・漢族・漢民族(Han Chinese)と呼ぶ人々、すなわち一般的に「中国人」と呼ばれる人々は、このような無限の模倣の過程を通じて形成された、巨大な文化的共同体である。

そもそも、洛陽周辺＝中原の地を振り出しに「華夏」の甲骨文字・漢字文明が興った当初、その範囲＝中原はきわめて狭かった。今日の中華人民共和国の約半分近くを占める漢人地域のほとんどは「夷狄」の世界であった。しかし、周囲の「夷狄」が漢字と「礼」に憧れて以来漢字は広がり、さらに秦・漢といった帝国が漢字を使う諸国を統一し、漢においては儒学が正式に国家の学問となったことで、漢字の社会的影響力も圧倒的なものになった。

ところが、このような漢字の共有によって拡大した古代の漢人社会は、いったん滅亡に近い打撃をこうむった。黄巾の乱（一八四年）の極端な破壊により、漢の時代の人口五千数百万人は一〇〇〇万人以下に激減し、その荒涼とした風景の中に出現した五胡十六国は、その名が示す通り北方の騎馬民族由来の国家だったからである。今日の漢人のうち、華北に住む人々の体型がモンゴル人などに近い大柄・丸顔であるのはこのためである。

とはいえ、漢字そのものは死滅しないどころか、むしろ新たな生命力を発揮した。これら北方の「夷狄」が入り乱れる中で、各地ごとに元の騎馬民族の言語の影響を受けた発音で漢字を読み、共通の文書行政用語として流通させたからである。この流れのうえに隋・唐帝国があらわれ、空前の「盛世」をつくった。そして、交通条件が悪かった今日の西南地方にも次第に漢字文化が広まり、東南アジア的な文化や肉体的特徴の人々（主にタイ系）も、それぞれの発音で漢字を使いこなし、中国文明の生活様式を受け容れていった。この結果、南と北では到底同じ「民族」とは思えない人々が、共通の漢＝Chinese的生活様式をもつ集団となった。

以上のように、ただ漢字の利便性と、漢字によって表現された中国文明の成熟を普遍的なものとして受け容れることによって、今日に至る巨大な漢人社会が形成された。この過程において少なからぬ戦乱はあったものの、総じて漢字文化に馴染む過程は平和的であったことは間違いない。「華夷」の差別は余りにも明確であるが、さりとて武力で漢字文化への宗旨替えを迫ったことは、近代に至るまでは余りなかった。このような全体的な傾向が、中国文明の立場をして、自らへの揺るぎなき自信と信頼を生み出しているのである。

第二章　揺らぐ「礼」と「夷狄」の関係

†中国文明はいかなる外圧をも吸収する？

「夷狄」はいずれ必ず中国文明に馴染む。外来のいかなる物事も必ず中国の事物と反応し合い、やがて中国文明そのものを補強し、文明の新たな段階が切り開かれるようになる。この結果、とてつもない治乱興亡が繰り返されても、常に「中国」の地は「天下」の中心でありうる。

……このような儒学者たちの確信は、基本的に一九世紀まで続いた。

もちろん、その道のりは決して生易しいものではない。歴史上「盛世」と呼ばれる、文物が花開いて皇帝の権力が頂点に至った時代であればさておき、儒学者たちは外来の事物や衝撃と直面しながら、果たして中国文明の「礼」の秩序を維持できるのか、その中心・頂点にふさわしい自尊心を保つことができるのか、苦悶を繰り返してきた。

しかし、最後に「勝利」するのは常に儒学者の側であった。唐が一〇世紀に滅び、五代十国の混乱を経て宋が成立して以来、外来の「夷狄」が駆る馬の蹄にどれほど「中原」を荒らされようとも、宋で洗練された「礼」のシステムがいつの間にか「夷狄」をも感化し、儒学者の活動もその都度活性化したからである。

では、なぜ一九世紀まで、中国文明は何度揺らいでも生き延び「勝利」したのか。逆になぜ一九世紀以後、中国文明は全面的な存続の危機に陥ったのか。結論からいえば、上下関係を絶対視する秩序そのものが、外圧を吸収して対応できたか否かの違いによるといえる。そこで、具体的な過程ならびに問題点をみてみよう。

†学者の支配……宋代以後の中国文明

一〇世紀後半、「中原」の中心にあたる開封を都として成立した宋は、国力こそ決して他の諸帝国と比べて強盛ではなかったものの、総じて儒学思想の理想に照らして洗練された文化国家であった。その繊細で優美な雰囲気をたたえた栄華のありさまは、中国の国宝中の国宝ともいえる「清明上河図」(二〇一〇年の上海万博では、その巨大スクリーン動画版が中国館の目玉展示にもなった）からも一目瞭然であろう。

　そんな宋は、貴族政治がもたらす腐敗と一線を画し、有能な人材を幅広く募るために、儒学の知識を問う「**科挙**」（一種の公務員試験）を全面的に採り入れた。この制度は既に隋・唐にも存在したが、宋以後定着したことにより、科挙の合格を目指して儒学を学ぶ人々、そして科挙に合格したことにより儒学的な「礼」の政治を実践しようとする人々の膨大なネットワークが形成された。このような、儒学の知識で結ばれ、世をリードして行こうとする人々の集合体を**士大夫**という。

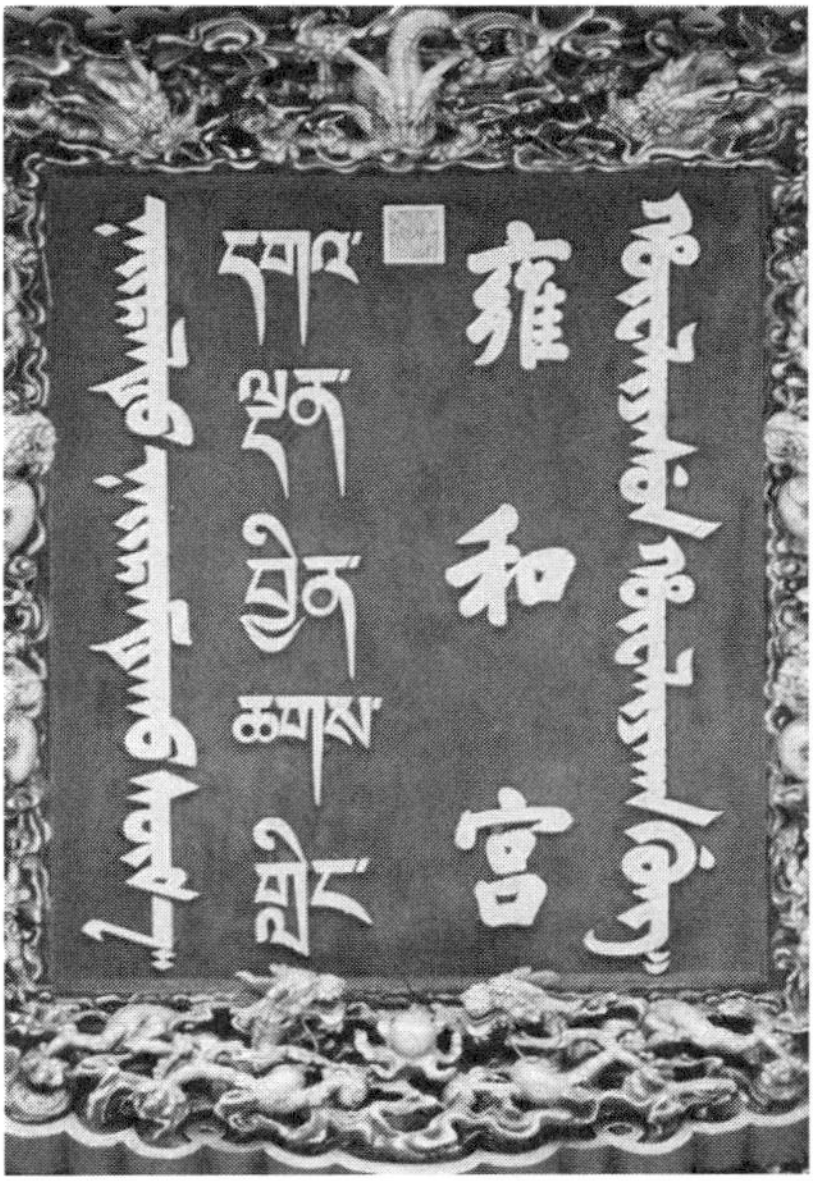

夷狄国家・清がいかに内陸アジア民族を同格な存在として優遇したかを示す、雍和宮（北京）の扁額。

　皇帝権力が成立するのはいつも武力による。とはいえ、その皇帝が「聖人」として科挙を主宰し、科挙官僚＝儒学者の支配を全国に及ぼすことが出来れば、これこそ「礼」によって万物・万民を調和させる最良の手段ではないか。しかも何人も科挙に合格することで、皇帝を補佐する「サブ聖人」となることができる。それだけでなく、祖先から連綿と続く宗族の栄光に華を添えることもできる。何という一石二鳥であろうか。

もちろん、科挙は決してバラ色の面だけではない。科挙の受験には莫大な学習時間が必要であり、子弟を農作業等ではなく受験勉強に専念させることができる豊かな階層は限られる。そこで士大夫層が再生産され、社会階層を超える移動は難しかった。しかし、貧しい宗族が資金を集めて優れた子弟を塾に通わせ、ついに科挙の合格を勝ち取り、彼がもたらす役得に一族が与ったという事例も少なくない。したがって、聖人君子の学問は決して字面通りに清廉なものではなく、長期的なそろばん勘定と直結している。

このように科挙は、中国文明の上下秩序を補強し、その中で人々が広く利益を求めるうえで極めて有効な制度であったといえる。

†朱子学の出現

宋代に生み出された科挙官僚の大群の中からは、儒学をさらに原理主義的に究めようとする動きが起こった。宋学＝朱子学の誕生である。創始者の朱熹は科挙官僚であったが、実務面では突出して有能というわけではなく、地方に送られた知県（県知事）として自由な時間を持っていた。そして彼は、地方の一般民衆が儒学の「礼」を実践しようとせず、仏教や道教を深く信仰している現実に対して怒りを覚えた。人間たるもの、天理を信じて聖人を目指すべきであり、現世を消極的にとらえておどろおどろしい偶像崇拝に走る淫祠《いんし》・邪教（とりわけ外来の仏教）を否定しなければならない。そのためには、堯・舜の時代以来連綿と続く「礼」のありかたを突き詰め、民衆に体系的に示すべきではないか（朱子学による仏教敵視たるや、たとえば仏陀 Fotuo の代わりに浮屠 Futu という当て字をするほどである）。

後の歴史から明らかなように、朱子学による中国文明純化作戦は失敗した。どれだけ儒学者が「礼」の厳格化や超越的存在の否定を唱えようとも、繁栄と混乱のあいだで移ろいやすい世の中で農耕と商売に勤しむ庶民（漢語で老百姓《ラオバイシン》という。士大夫と対になった存在である）にとっては、御利益と救済を差し伸べてくれる道教の神々や仏教の菩薩の方が分かりやすい存在だったからである。今でも台湾や香港、そして東南アジアの華人社会を訪ねれば、道教・仏教寺院は多いのに対し、孔子廟はほとんど見当たらないことに気づくだろう。

総じて、儒・仏・道の三者を主軸に、キリスト教やイスラームなど様々な外来の宗教・文化が複合し相互反応することによって、中国文明の歴史には尽きせぬ奥の深さが生み出されてきた、と筆者は考える。しかし、中国文明から上下秩序にそぐわない非現実的なものを消し、そのことによって「純潔」を保とうとする誘惑は、今日に至るまで繰り返されてきた。とくに、儒学と並ぶ現世絶対主義といえる共産党の支配が生み出した悲劇は強調してもし過ぎることはない（この問題は第五章で詳述したい）。

†中華の「礼」と領域

朱子学には、原理主義的であるがゆえに、他の文化・思想との共存を難しくするという問題がある。とはいえ、「天理」への絶対的な信仰と現世の上下秩序を包括し、それ自体が世界観的な学問であることから、この世を統治する側にとっては極めて魅力的である。そこで朱子学は、科挙を主宰する権力によって正統扱いを受けるようになり、科挙合格を目指す士大夫にとっての一般教養となった。朱熹は官僚として出世したとは言えないものの、その思想によって「天下」に君臨したと言える。

ただ、朱子学がその後、自らの理想を実現できたかといえば、答えはもちろん否である。いかなる国家といえども、多かれ少なかれ多様性を内包する以上、ときとして生じる原理主義的な発想をいかにコントロールするかは統治の要である。近現代中国に至る歴史でも、原理主義的なものの考え方から一線を画することによってはじめて巨大な統治が安定するし、逆に原理主義に振れれば危機が生まれる。その微妙で敏感な問題を分かりやすく説明しよう。

宋はまず北方騎馬民族の国家・金によって滅び、南へ逃れた南宋は首都・臨安（杭州のこと)の名の通りに束の間生き延びた。その宰相であった秦檜は南宋の安定のため金と和議したが、その際に金への抵抗を唱える武将・岳飛を謀殺してしまった。岳飛の死を悼む後世の人々は岳飛廟を建て、漢人国家の大義を裏切った秦檜については、縛られ跪かされた像に貶めて唾を浴びせ続けた。「中華」に殉じた岳飛の何と輝かしく、裏切り者の末路の何と無様なことであろうか。

しかし、現在の中国の領域を守り、多民族国家を守ろうとする人は、断じてこのように考えてはならない。なぜなら、かつて宋を南に追いやった金の末裔・女真人は、のちに満洲（マンジュ）人と自称を改めて清を建国し、「中国」史上空前の領域をつくりあげ、近現代中国にその「恩恵」をもたらしたからである。中共・中国政府の主張によれば、現に漢族も満族（満洲人）も、同じ中国公民として共存し協力している。昔の歴史を掘り返して敵対心を煽ることは、単に民族問題をこじらせるのみならず、追いやられた立場の満族の故郷である東北三省を祖国中華から切り離し、日本やロシアの草刈り場にしてしまうことを意味する（現に清末にはそうなりかけた）。したがって今や、宋と金の不幸な関係は、多民族国家・中国が今日に至る過程での緊張の一幕にすぎず、それは漢人社会の内部における混乱と同列にして考えるべきなのだという。こうして現在の中華人民共和国では、「中華の正統」へのこだわりゆえに岳飛を「民族英雄」と呼ぶことは厳しく禁じられ、岳飛廟で秦檜に唾を吐くことも御法度となっている

（実際にはあとを絶たないようであるが）。

†原理主義国家・明の悲劇

国家の統一を保つためには、多数派の原理主義すら、ときとして危険思想として否定されなければならない。「焚書坑儒」といえば、実力主義の支配に徹した秦の始皇帝が、まわりくどい「礼」を支配者に説く儒学者を弾圧して虐殺したことのたとえであるが、今度は近世・清代になると、原理主義的な朱子学者が同じように激しく弾圧された。

その背景にあるのは、漢人の帝国であった明のありかたと悲惨な崩壊そのものである。南宋は金ともどもモンゴル帝国によって滅ぼされた。モンゴル帝国の東部にあたる元は、放漫経営がたたって急速に瓦解した。一四世紀の農民反乱の覇者として明を建国した朱元璋（洪武帝）は、このような北方民族による大混乱へのうらみから、朱子学を正統な原理と位置づけ、厳格な「礼」の上下秩序を「天下」に宣言した。そこで対外的には、前章でみた朝貢関係の原理原則が純化されて適用されたし、対内的には農民を厳しく土地に縛り付けて儒学道徳を宣伝することで、管理されたユートピアをつくろうとした。

しかしそれは、余りにも民間活力を削ぐものであった。とりわけ対外面では、朝貢貿易から排除された東シナ海沿海民の海賊行為（日本人が中心であったため倭寇と呼ばれる）を招いたほか、万里長城の北に追いやられたモンゴルの南下攻撃にも苦しんだ（北虜南倭）。対内的にも、支配の安定によって江南地方（長江下流域）を中心に経済が発展すると、文化的に自由な気風を求める動きは止まなかった。とりわけ思想的には、朱子学的な精神修練よりも、内面の「良知・良心」の自然なあらわれによる主観的な行動を尊ぶ陽明学が生まれた。

この結果、明の体制は漂流を始める。士大夫・科挙官僚は、朱子学と陽明学のあいだで分裂して党争を繰り返し、内政が混乱した。朝貢関係については、うわべだけでも上下関係を認めて皇帝に服従の意を示しさえすれば、皇帝が恩を示して莫大な土産を持たせ朝貢貿易の利益を与えることから、それを目当てに朝貢国が押し寄せた。さらには、多くの民間商人も勝手に着飾って朝貢国を名乗るようになった。そこで、金品目当ての朝貢国に利益を与え続け、皇帝の面子を守るためには、農民に重税を課さなければならなくなった。また、朝貢国や官僚に与える珍奇な毛皮などを手に入れるために、今日の東北地方では女真人との交易が行われていたが、その条件も意図的に明に有利なものに切り換えられ、女真人の激しい不満を誘った。

かくも不穏な情勢にとどめを刺したのが、豊臣秀吉の朝鮮出兵である。明は、最も従順な朝貢国であった朝鮮を救うために援軍を派遣したものの、出兵費用がかさんで国庫が底をつくようになった。さらに、女真人との戦いや農民反乱鎮圧の最前線に立つ軍人への補給も細り、軍人が略奪集団へと化けていった。ついには、最後の皇帝・崇禎帝が、成り上がり者・李自成の反乱に追われ、北京・紫禁城の北で自殺したことで、明は悲惨な崩壊に至った。

†清と朱子学

明の武将・呉三桂は、明末の惨状を見るに見かねて万里長城の門戸を開き、それまで敵対していた女真あらため満洲人中心の国家・清を北京に引き入れた。この結果、清は一六四四年に北京に遷都し、「中原」「中華」の漢人に対する支配をも始めた（既に清は、自らの軍勢に降った漢人を軍事組織「八旗」に組み入れ、「漢軍八旗」の「旗人」としており、彼らと区別するために一般の漢人は「民人」と呼ばれる）。この結果、明末以来の混乱は次第に鎮圧され、やがて一七世紀末以後の漢人社会には平和と繁栄がもたらされた。そして清は漢人を支配するために、明と同じく科挙官僚制を採り入れ、科挙のための知識として朱子学を大いに宣揚した。とりわけ、『康熙字典』の編纂で知られる康熙帝は「聖諭広訓」を発し、広く民衆に向けて「礼」の徳目を遵守するよう求めた。

孝弟（親孝行・目上への従順）を敦《あつ》くして、以て人倫を重くすべし。
宗族を篤くして、以て雍睦《ようぼく》（なごやかさ・睦まじさ）を昭《あきら》かにすべし。
郷党を和して、以て争訟（争いごとや訴訟）を息《や》むべし。

農桑（農業と織物業）を重くして、以て衣食足るべし。
節倹を尚び、以て財を用いるを惜しむべし。
学校を隆《さか》んにして、以て士の習いを端《ただ》すべし。
異端を黜《しりぞ》け、以て正学（朱子学的な儒学）を崇ぶべし。
法と律を講じ、以て愚頑を儆《いまし》むべし。
礼譲を明らかにし、以て風俗を厚くすべし。
本業を務め、以て民の志を定むべし。
子弟を訓《おし》え、以て非為（良くない行為）を禁ずべし。
誣告を息め、以て善良を全うすべし。……（以下略）

このような訓辞を皇帝自らが発したことを考えれば、満洲人皇帝は「夷狄」でありながらも心から「中華の礼」に信服したように見えるかも知れない。また清は、漢人社会を介して接触する多くの外国との関係については、明が取り仕切ってきた朝貢関係を継承し、「天下の主」が上下関係を整えることにこだわった。したがって、従来少なくない著述が清を指して「最後の中華帝国」と呼び習わしてきたこともあながち不思議ではない。

†蒸し返される「華夷」

しかし、清を「中華帝国」とみるだけでは捉えきれない側面は余りにも多い。まず何と言っても、皇帝自身「夷狄」であるがゆえに、朱子学や「中華の礼」そのものとの関係が大きく異なる。しかも、支配された漢人の側としても、「夷狄」の皇帝が果たして本当に彼ら「中華」を統治する存在としてふさわしいのか否か、強い疑問を抱かざるを得なかった。なぜなら、清は漢人を支配するにあたり、辮髪《べんぱつ》と旗袍（今日のチャイナドレス）を強要し、拒否する人々を大量虐殺したからである。「夷狄」の風俗を無理強いし、漢人の「礼」ある衣冠を踏みにじる権力を、果たして「聖人」として認めるべきなのだろうか。

そこで原理主義的な朱子学者たちは、満洲人が暴虐の限りを尽くした今こそ「華」と「夷」の違いを明確にし、身の程をわきまえない「夷」を討って、朱子学者が支配する体制を打ち立てようとした。

明末清初においてこのような「排満論」を説いた代表的人物として、呂留良という朱子学者がいる。そして、清にとって何とも都合の悪いことに、康熙帝が朱子学を称揚したため、清にとって不都合な排満論が、ほとんどチェックを受けることなく広く流布し、一定程度の支持を広げてしまった。

一八世紀前半、康熙帝の約半世紀の治世を引き継いだ雍正帝は、このような現実に驚いた。そこで、地方の学者・曾静が、岳飛の子孫ともいわれる漢人の将軍・岳鍾琪を担ぎ出して排満反乱を試みた事件を摘発すると、雍正帝自ら曾静を厳しく取り調べた。

この問答の一部始終をおさめた『大義覚迷録』にみられる雍正帝の見解は、徹底した実力主義による割りきりである。政治は形式や見かけではなく実質を尊ぶべきであり、「夷狄」が本当に堯・舜の理想的な時代に匹敵する繁栄を実現できるのであれば、混乱した漢人に代わって支配することも当然ありうる。とりわけ、漢人自身が一時の繁栄の中で堕落した以上、「天命」が「夷狄」に降って「天下」全体を救うのは漢人のためでもある、というのである。「夷狄」であっても実力があれば天に認められ、「中華」であっても実力がなければ天に捨てられるという見方は、もし儒学者が現実理性に徹するならば結局のところ受け容れざるをえない。そこで、これ以後一九世紀にかけての儒学者たちは、このような論理を振りかざす清の支配に何とか適応していった。のみならず、やがて一九世紀半ばに清が農民反乱や西洋諸国の圧迫に直面すると、剝き出しの実力主義でなしとげられた清の最盛期を賛美するようになってゆく。

とはいえ、「華」と「夷」のレッテル貼りは、「夷」の側がどれだけ開き直ろうとも後味が悪い。雍正帝にやり込められて自己批判した曾静は、罪を許されて雍正帝の治世の素晴らしさを宣伝するべく各地に派遣されたものの、雍正帝の後をついで乾隆帝が即位すると、乾隆帝は即座に曾静を再逮捕して処刑してしまった。そして乾隆帝は、古今の書物に含まれる異民族差別的表現を消し去るため、『四庫全書』編纂という一大文化事業にかこつけて、膨大な書物を検閲のうえ焼いた。このような「華」と「夷」の緊張が、朱子学的な「礼」にふさわしい「聖人」かどうかをめぐる見解の違いによって繰り返された以上、この体制が本当に「華夏」の文明の輝きに沿ったものであったのか、微妙なものがある。

†内陸アジアと清

もう一つ、清を単純に儒学的な帝国として見るわけにはゆかない事情として、清とモンゴル・チベット・東トルキスタン（新疆）との関係は見逃せない。

清の開祖ヌルハチが一七世紀、後金という国名で挙兵して明への対抗を始めたのは、明が設けた過酷な交易条件に対する反発による。しかし、女真＝満洲人だけでは多勢に無勢でもある。そこで後金あらため清は、草原を縦横無尽に駆けめぐるモンゴルを巻き込み、騎馬民族の大連合をつくろうとした。

いっぽう、当時の草原世界では、チベット仏教の改革派であるゲルク派（黄帽派）への信仰が急拡大しており、騎馬民族の大ハーンたる者はゲルク派、とりわけその代表的な活仏＝生き仏であるダライ・ラマに対する良き保護者でなければならないという発想が一般化していた。そこで清は一七〜一八世紀にかけて、チベット仏教に対して莫大な布施をしたのみならず、仏教の保護者の座をかけて西方の遊牧国家・ジュンガルと死闘を繰り返した。

要するに清は、漢人を支配することによって得た「中華」の莫大な富を、内陸アジアでの仏教的な栄誉のために大いに消費し、騎馬兵力の団結を固めたうえで、漢人を支配していたことになる。

この結果、モンゴル、チベット、そして東トルキスタン（ジュンガルがトルコ系のイスラム教徒を支配していた）の順に、一八世紀半ばまでに清の支配が及んだ。今日の中国では、東トルキスタンの地は新疆と呼ばれるが、これは乾隆帝がジュンガルを滅ぼし、その支配地を手に入れたことにちなんだ、新しい土地という意味である。注意すべきは、これらの地域に住む人々、そして満洲人自身、もともと漢字・儒学とは無縁な世界で生きていたということであり、しかも清の支配が内陸アジアに広がる過程では、「中華の礼」を尊ぶことではなく、チベット仏教を尊ぶことが第一であった。

したがって清という帝国は、「中華」の漢人地域で起こる出来事、そして漢人地域を経由して行われる朝貢儀礼をみるかぎり、「中華」の「礼政」を行っていた帝国であるが、他の角度からみれば全く性格が異なる。モンゴルから見れば、満洲人皇帝は仏教を保護する大ハーンで

満洲人皇帝がつくった大帝国の版図を引きつぐのであれば、結局排満など不可能である。なお、康熙帝の時代には、まだトルコ系ムスリム（左から２番目のアラビア文字が示す）は清の支配下に入っていない。

ある。チベットからみれば、文殊菩薩にちなんだ土地を支配する文殊菩薩皇帝であった（マンジュ＝満洲は、サンスクリット語のマンジュシュリー＝文殊菩薩に由来するとされる。また漢人地域は「文殊菩薩教化の地」であった）。トルコ系のムスリム（イスラーム教徒）からみれば、ジュンガルを追い払いイスラーム信仰の継続を認める異教徒の支配者であった。

要するに清という帝国は、支配された側からみて都合の良い解釈を許し、しかも満洲人皇帝自身がそれぞれの顔（儒学的天子・仏教王・イスラームの保護者）を適宜使い分けることによって成り立っていたという、何とも多面的な帝国だった。ただ皇帝が、誰にとっても望ましい権力者であるように配慮しさえすれば、皇帝と個別の集団がそれぞれの論理で結びつくという統治の構造が永続しえた。

そして何よりも重要な点として、それぞれの集団は、自らが他の集団の一部分であるなどとは夢にも思う必要がなかった。漢人士大夫からみれば、チベットがたとえ清の支配に組み込まれても、そこに儒学も漢字もない以上、チベットは「中国」ではありえない。所詮、他の朝貢国と同じように「外藩」「外国」に過ぎない。ただ皇帝が「天下」を支配しているということだけが真実であった。逆に、チベット人もモンゴル人も皇帝を尊敬しこそすれ、間違っても自らが「中国の一部分」であるなどとは思わない。チベットからみれば、漢人の土地はインド（ギャカル）と近い意味の「ギャ（遠くの大地）」にすぎない。モンゴルからみれば、漢人の土地はかつての北方騎馬民族・契丹と連続する「ヒャタド」（ロシア語のキタイ、英語のキャセイは、契丹が語源で中国の意）にすぎなかった。

†「中華」の勢いは必ず止まる

このように、漢字と儒学の「中華」、そして「礼」のあらわれとしての秩序は、とくに乾燥した内陸アジアに対しては頭打ちで広がらなかったことが分かる。そもそも、いくら中国文明が前近代において高度なものであったとはいえ、世界的なレベルでみれば、他の地域にも高度な文明・社会が形成されており、その「外」の視点からみればむしろ中国文明の方が未達成なものを多く含むように見える。文明というものは、どれほど強い影響力を持つとしても、それが生まれた自然・社会的環境に左右され、やがてある一定の範囲で広がるのを止める。

東アジアの大陸部において中国文明が有効であり、しかも長い歴史を経て今日の漢人・漢族を作り出しえたのは、温暖で農耕に適し、比較的なだらかな自然環境が存在したためである。農業を基盤にした都市国家の文明においては、何と言っても経験値の積み重ねが物を言う。年長者、そして水利など大規模土木工事を主宰しうる権力者を中心に、上下の秩序を遵守するようになるのは不思議なことではない。

颪水害に地震など天変地異が多い日本も、基本的には温暖な農耕社会であることから、古来中国文明を受け容れた。しかしそれは日本なりに改良され、やがて遣唐使も廃止された。のみならず、江戸時代に儒学が本格的に輸入されるようになると、日本独自の政治的環境のために大きく変質し、やがて中国文明との間に極めて大きな溝が生まれた。徳川を中心とした絶対的な幕藩体制を前にして、「徳のある者に天命が降され易姓革命を起こしうる」などという主張は間違ってもできない。いっぽう、禁裏＝天皇家が事実上武家に政治の実権を明け渡しつつも「万世一系」であるかのように続いて来たという歴史自体、治乱興亡にまみれた易姓革命の歴史と比べてはるかに安定したものにみえる。

したがって、儒学のうち現実理性的な側面については、たとえば制度設計や各藩ごとの藩校運営・殖産興業に活かされたものの、「天下」の上下秩序を語る側面においては、『古事記』以来の日本の「皇統」が一貫しているがゆえに、日本こそ万国の中心にあたるという観念が生まれた。それが本居宣長らによる国学の興りであり、国学は「神つ世からの日本の美風」に否定的な儒学を「からごころ」と糾弾した。ところが、批判された儒学、とりわけ朱子学の側も、むしろ「万世一系」のもとでの日本の繁栄こそ「天理」のあらわれであるととらえ、日本中心主義を掲げる儒学＝水戸学へと変化した。

このように、本来「中華」こそ「天下」の中心・頂点であり、儒学的な「礼」こそ万物の根本であるという考え方は、漢字を導入した別の国の独自な発展によって意味転換を起こしてしまう。

いっぽう、そもそも漢字と儒学を導入しなかった人々にとって、漢字で書かれた「礼」こそ至高であるという発想は、いかなる意味も持たない。逆に、温暖・湿潤な農耕地帯の外側では、長幼・上下の序を尊ぶ文明など命取りですらある。乾燥し寒冷な内陸アジアの草原に生きる人々にとっては、馬を駆って家畜を飼い慣らし、しばしば部族間で抗争し、あるいは長距離の商業活動に耐えうるような体力や才覚こそ欠かせない。家族、そして部族の運営の中心に、すでに第一線から退いた老人を据えることはリスクが大きい。

したがって、社会人類学的な知見によれば、遊牧・半農半牧地域におけるリーダーシップは壮年期に頂点が来るものとされる。このような環境には、生々しい生老病死からの解脱や慈悲を説く仏教、あるいは商業倫理と他者への慈愛を説くイスラームの方が、乾いた大地に水が染み込むように適合的だったのであろう。

†されど儒学者は揺るがず

以上にみたように、自ら住む土地で古来生成された文明こそ、他の「夷狄」あるいは異文化に比べて優れているという自己中心的な主義主張は、必ず限界に直面する。そして、軍事力に長けた金・元・清は、外から入って漢人を抑圧・搾取し、内陸アジアの人々は儒学に見向きもせず、日本は室町時代のごく一時期を除いて朝貢に来ないどころか、従順な朝鮮を荒らし、儒学を変形させて日本中心主義まで作ってしまった。

儒学にとっては、これは一種の敗北ではないのか。

もちろんそれは、排満に燃えた人々にとっては敗北であり、だからこそ抵抗し弾圧された。しかし見方を変えれば、儒学は決して敗れ去ってはいない。そもそも儒学と漢字の文明は「中原」に生まれたものであり、中原から広がった漢人がそれを守りさえすれば良い。清は漢人に対しては少なくとも科挙を実施し、「夷狄」差別を禁じたうえで儒学を称揚している。さらに、他でもない満洲人自身が、漢人地域での長い駐屯生活を経て、漢字と儒学に馴染んできた。それは武芸に秀でた満洲人らしさを失うことであり、皇帝たちは「満洲語と武芸を忘れるな」と危機感を示した（国語・騎射問題と呼ばれる）。漢人士大夫にとって、満洲人の「漢化」も中国文明の高みのあらわれであり、何も困らない。むしろ、満洲人が文化的に埋没して弱体化するほど、優秀な漢人士大夫の出番が増えた。

また、満洲人が北京に乗り込んだことによって、「中華」の地を中心としてモンゴル・チベット・新疆といった「外藩」や朝貢国に号令していることには変わりがない。むしろ、雍正帝が『大義覚迷録』で力説したように、外来勢力であっても北京を拠点に内陸アジアへと支配を広げたことで、「中」と「外」が政治的に一体となり、それはとりわけ「中国」からみて土地が広がったように見えるという側面もあった。じっさい一九世紀半ばになると儒学者たちは、乾隆帝までに手に入れた内陸アジアの土地について、「武功」によって得られた神聖不可分の土地と見なした。とりわけ東トルキスタン＝新疆については、貧困や戦乱であぶれた漢人農民を送り込んで屯田兵とし、「地に足がついた」ユートピアを約束するという構想を描いた。

かくして、一九世紀の半ばに至るまで、さまざまな難局こそあれ、儒学的な「礼」の文明は致命傷を負わずに生き残り、士大夫の思考を支配してきたといえる。序章でみた「中国文明は主体的に夢を見てきた」とは、このようなことを指す。

第三章　近代国際関係と中国文明の衝突

†上下秩序の否定

中国文明の大前提は、万物をつなぐ「天理」としての上下秩序である。しかし、これがもし機能しえなくなるとしたらどうなるのか。それはすなわち「天下」の死を意味する。

一九世紀、実際にそれが起こったことが、今日の中国が抱くあらゆる不満の根源である。では、その致命的な一撃を与えたのは一体何者か。日本である。いや同時に、一九世紀以後アジアを席巻し、日本に多大な緊張と刺激を与えた西洋近代文明の存在が、どれほど巨大であったかを今一度ふまえる必要があろう。

西洋は、産業革命以来の圧倒的な工業力・軍事力によって世界全体を席巻したのみならず、上下関係の秩序とは全く異なる世界秩序、すなわち主権国家と国際法を要とする近代国際関係を持ち込んだ。日本は単に明治維新以後「文明開化」につとめ、工業国家に変貌しただけでなく、まさにこの近代国際関係にいち早く適応したことによって、適応しきれなかった清との戦いに勝ち、中国文明に基づく「天下」を最終的に否定する役回りとなった。

幕末維新以後の日本の近代化、そして近現代中国が日本に抱き続ける複雑な葛藤は、日清戦争、ならびにそれに前後する諸事件とひとまとめにして理解されなければならない。そこで以下、その道筋をみてみよう。

†西洋文明の論理

住めば都ということばがある通り、人は誰でも自らが住む土地に愛着を持ち、そこが他よりも優れた場所であると思いたいものである。もちろん、圧倒的に豊かな国・地域と比べれば引け目を感じることも多々あろう。それでも、他に自分よりも条件が苦しい場所があると思うことにして自尊心を保つ。筆者の心の狭さを示すようで恐縮だが、実際のところそのような場合が多い。とりわけ、中国文明・儒学者のものの見方はこれに当てはまる。そして視線を他地域に振り向ければ、ローマ帝国が征服地である属州を格下に扱ったのをはじめ、何かとこのよう

韓国ソウルの独立門。日清戦争で日本が勝っていなければ、朝鮮／韓国が独立の象徴として門を建てることも不可だった。なお、手前の２本の柱は、清の冊封使を迎えた迎恩門の遺構。

な差別と待遇格差は枚挙にいとまがない。
このように、前近代の時点で他者に対する強烈な自意識が発生した地域があり、そのような環境の中からやがて近代的な国家意識＝ナショナリズムが生じることになるが、まず西洋においてこの動きが明確になった。神聖ローマ帝国の衰えにより、比較的狭い範囲を囲い込んで収益を上げる封建制が一般化し、帝国とは異なる中規模な王権が発達するなか、宗教改革などを通じてローマ教会に対する自律性も増していったのが西洋の中近世の流れということになる。その結果現れた絶対王制の時代、諸国は紛争において互いに譲らず、百年戦争のような混乱も起こった。その悲劇の連鎖に歯止めをかけるのであれば、結局のところ、諸国が少なくとも建前だけでも、互いに対等であることを認め合わなければならない。互いに国境線を尊重し、その内側の領域・国家権力・人民に対して干渉してはならない。逆に国家権力は、国境線の内側において何者の干渉も受けず、最高の権力を行使することができる。このような権力のことを**主権**（国家主権）と呼び、主権・領域・人民の三者が揃った国家のことを（近代）**主権国家**と呼ぶ。

また、一六四八年に締結されたウェストファリア条約以後、法学者グロティウスの議論を皮切りに、主権国家およびそれに属する人々相互の関係について、明文または慣習としてさまざまな法規範が整えられた。これを（近代）国際法という。

いっぽう主権国家は常に、限りある領域と人的資源を有効に利用して国富を増し、建前上はたがいに対等な国際関係の中でより有利な立場を得ようとする。そこで人々に対しては、単に税を納める臣民としてだけではなく、国家の一員として行動するよう求め、そのために周到に学校教育を整える。人々はやがて国民としての意識を持ち、税収面でいっそう動員され、さらにそれまでは王侯貴族や騎士・傭兵の仕事であった戦争にも動員される。しかしそのぶん、権力に対する国民の側からの注文や監視も増すことになる。

こうして、権力の野放図なやり方に制約をかけ、主権国家と国民とのより良き関係を目指すという**立憲主義**の精神が生まれた。憲法を制定し、議会を設け、次第に自由な言論を許した国家において、制約を受けた国家権力の作用は衰えただろうか。答えはもちろん否である。むしろ国民一人一人が主権国家の担い手であるという意識を強めることにより、総合的な国力が増し、社会福祉も充足し、権力の永続も可能になる。かつて絶対的な権力をほしいままにした英国などの王室が、今や国民からの尊敬を受け、むしろ政治の荒波から超越して安定しているのも、まさにこのような作用による（「パンがなければケーキを食べれば良い」というマリー・アントワネットの発言が実話かどうかさておき、フランス王室はこうなる前に贅沢三昧もたたって断頭台に消えた）。

†「文明」と植民地主義

しかし、こうした主権国家・国際法の実践は、国家が互いに建前だけでも対等であると認め合った限りにおいてである。ある国・地域について「制度が未整備で、文明の段階としては野蛮である」などといった理由ゆえに、国際法を享受する国々から「一人前の主権国家」として認められないことがある。すると、その国・地域は、まさに国力や「文明」の不完全さゆえに植民地とされてしまう。植民地を獲得した「文明」の側は、自国にとって好都合なように、植民地の社会と経済を改造するようになるだろう。しかし西洋は、それが悪いことであるとは断じて考えない。なぜなら、それは西洋近代が編み出した「普遍的な文明」を「未開・野蛮」にも広める崇高な使命のあらわれだからである。

これが、西洋近代の植民地主義の基本的な姿である。

そして中国文明は、単に西洋文明や植民地主義の影響に直面したのみならず、さらに日本が西洋の流儀を採り入れて同じようにふるまったことにより、幾重もの意味において堪え難い屈辱に直面した。

†国民の不在

いっぽう、西洋がつくった近代的な国家の姿は、権力と個々の人々との関係という点でも、中国社会の「弱さ」をあぶり出した。

「天下」において統治に責任を負うのは皇帝と士大夫であり、支配される側の一般民衆（老百姓）には国家の担い手としての責任感・国民意識が存在しなかった。いやそもそも、「礼」のシステムを完全に理解しているとはいえない庶民や「夷狄」が、上下関係を超えて「聖人」の統治に参加して意見するなど、僭越このうえない行為ですらあった。だからこそ一般民衆は、税を払いさえすれば権力がなるべく自らに降りかからないことを好み、信頼できる血縁や地縁・同業などのネットワークの中で生を充足させようとする。それはもちろん一面では、中国文明の強みでもある（漢人・海外華僑華人の商売のうまさはこのセンスによる）。

しかし逆に、平均的に高い教育水準と社会の質を兼ね備えた国民に支えられた近代国家の実力に直面した瞬間から、散漫な政治社会にすぎない古い「天下」の帝国は弱さをあらわにしてしまう。「天は高く皇帝は遠し」という表現は、「天下」の現実をありのままに語っていたが、そのまま近代的な国民の不在を意味する。

国家・社会に関心を持つ国民がいなければ、強大な外国に直面したときに、一体誰が中国文明の最後の一線を守りきれるのか？　このことを考え始めた瞬間から、中国文明の命運を心から思う士大夫ほど、恐怖に苛まれることになる。

†創意工夫の軽視と「洋務」

また、知識や技術に対する接し方の違いも、中国文明にとって致命的な問題をもたらした。

中国文明は長らく、自らを「地大物博（土地が広大で物産が豊かであること）」と見なしてきた。それは一面では事実であるが、同時に自己満足に陥りやすい。じっさい朝貢貿易は、品質と利益を誠実に追求し、自他ともに満足を得て拡大再生産するという営為ではない。最初から「地大物博」であることを前提にして、「夷狄」にもその利益を分け与えて皇帝の徳に従わせるというものに過ぎない。したがって、そこにグローバルな視野と創意工夫は生まれない。

中国文明はさまざまな発明を生み出した偉大な文明でありながら、一七～一八世紀にかけてのキリスト教宣教師との接触にあたっても、他者から積極的に学ぶ道を自ら閉じた。当時、たとえば暦法など大きな影響を西洋から受けたものもあったが（現在の旧暦＝農暦の形成）、祖先崇拝に否定的なキリスト教の立場が儒学に反するという理由で（典礼問題という）、清は西洋からの諸学問の摂取には総じて消極的となった。

この結果、一九世紀半ばに西洋や日本と本格的な接触をはじめて気が付けば、清はこれらの国々に大きく後れをとることになった。中国文明の側は半ば慌てふためき、「彼ら（西洋や日本）の技芸や強さは本来我々から伝わったものだ。したがって我々は彼らと同じであり、今や我々が我々本来のものを彼らから移入するのは自然なことである」という論法（附会論）で、半ば付け焼き刃的に外国の事物（とくに軍事面）を採り入れて対抗しようとした。このような動きのことを「**洋務**」という。

しかし、洋務はあくまで表面的なものであり、自由な創意工夫による商業や生産・技術開発といったものとは全く異なる。そもそも儒学は、人々が静態的な農業社会で上下の秩序を守ることを佳しとする。清代までの士大夫は、商業活動や物づくりについては卑賤な者の生業であって、商業が加熱するあまり社会が流動化するほど秩序や風俗も乱れると考えてきた。**自由な創意工夫。それは極論すれば、上下秩序の敵ですらある。**

いっぽう、日本は江戸時代以後儒学を受容したものの、創意工夫が尊ばれたものづくりの国となったのではないかという反論は当然あり得る。これはひとえに、儒学思想のどの側面が中国と日本で重視されたかの違いによる。中国文明の世界では、上下秩序の「礼」が大きな影響を持った。しかし先述の通り、武家が支配する徳川日本では「聖人君子の支配や易姓革命」など論じ得ない以上、どちらかといえば現実理性の側面が受け容れられた。儒学を学んだ武士(戦乱が過ぎ去った天下泰平のもとでは事実上官僚である)は、創意工夫して各藩の産業振興に努めた。さらには二宮尊徳の逸話に象徴されるように、日本では儒学を熱心に学ぶ篤農家が大量に現れ、農村・農業経営をめぐる一種のモラル・エコノミーも現れた。やがて日本に根付いた儒学は、まさに実用理性のあらわれとして西洋文明の価値に気づく。これが蘭学から文明開化へと向かう流れを生み出したのであり、日本の近代化はある意味で日本が「現実理性的な中国」になったことの結果である。決して伝統と断絶したことによるのではない。

†北京条約と「中体西用」

以上にみたような中国文明と西洋文明の発想の違い、あるいは日本と中国における伝統と近代の関係の違いを理解すれば、清末以後襲いかかる中国文明の未曾有の危機、そして「死」の意味を読み解くのは難しいことではない。

その幕を開けたのは、英国が広東でのみ許された貿易を打破し、清に対して貿易の拡大を求めるために起こしたアヘン戦争である。その開戦理由は、英国がインドから輸出したアヘンを焼かれたことに対する抗議という不道徳なものであり、筆者としてもこれ自体を肯定しようとは思わない。しかしとにかく、一八四二年の南京条約で、清は上海など五つの港を開くことを認め、やがてそこに西洋諸国の租界（清から借り受けて全く独自の自治が行われた土地）が設定され、清ならびに東シナ海を取り巻く地域に西洋近代が急速におよぶ足がかりとなった。

しかしこの時点では、清は西洋と対等であることを認めず、依然として「天下」の中心というつもりであった。そこで一八五六年のアロー号戦争（英国が香港船の船籍をめぐる問題をむりやり拡大解釈して始めた戦争）では、清と諸外国との完全なる対等さの確認、すなわち主権国家同士の近代外交への移行、そしてそのための外交使節の北京常駐・内地通商権の承認といった要求をつきつけた。そこで清の内部では「天下の秩序を破壊する」という猛烈な反発が起こり、ついに英仏連合軍は北京を直接攻撃した。かつて「天下の主」たる乾隆帝が、西洋文明すらも手なずけて愛玩していたことを象徴する巨大洋風庭園である円明園は、この結果無残に破壊された。それはまさに、西洋文明と中国文明の力関係が完全に逆転した象徴的事件といえよう。

一八六〇年に結ばれた北京条約で、清は先述の諸条件を全てのまされ、西洋諸国とのあいだで近代的な外交関係に移行した。これ以後、西洋諸国に対して「夷」という字を用い、野蛮人を意味する「くちへん」を西洋の国名に付けることは一切厳禁である。

しかしそれは、清が中国文明のやり方を完全に放棄したことを意味しない。むしろ、太平天国の乱（西洋との接触が本格化して以来流入した、プロテスタントの影響を受けた農民反乱）の鎮圧を通じて、それまでの満洲・モンゴル人を中心とする軍事力が余り役に立たず、地方の漢人士大夫が防衛力として台頭した。その結果、清の政治全体においても儒学エリートの影響はかつてなく強まりつつあったとすらいえる。そこで彼らは、外交面では西洋との関係を注意深く切り盛りし、軍事的には西洋の技術を取り入れながらも、体制そのものは儒学的な精神で運営しようという方向を強めた。これを**中体西用**という。

また、上海の大発展に象徴されるように、租界に花開いた西洋文明は、次第に若い漢人士大夫を引きつけ、儒学における現実主義・合理主義、そして何よりも「堯・舜の調和に満ちた理想の支配」の延長において西洋文明を評価し、中国文明の伝統とすり合わせようとする人々が少しずつあらわれた。このような、日本の幕末以後のエリートと良く似た気風を持つ人々のことを、条約港知識人という。しかし日本と清の違いは、このように伝統と西洋近代を連続してとらえ、実際の変革への道筋を切り開く動きが余りにも量的に異なっていた、あるいは時期的に日本の方が早かった、ということである。

†中国文明最大の脅威・日本？

北京条約の締結はたしかに、西洋との関係においては「天下」の崩壊であったが、「中体西用」の試みをみれば、西洋以外との関係において「天下」は辛うじて「安泰」である。しかも西洋との関係も、世界の他の地域が次々に植民地化されたのとは裏腹に、西洋としては清の本体を植民地化する意図をしばらく持たなかったことから、一応「安定」した。とくに英国については、上海などでの貿易を通じて莫大な貿易上の利益を清にもたらす「泰西の商主の国」という表現すら生まれて、英国をプラスの存在として評価する向きも生まれていた。

いっぽう北京条約以後、諸列強と清との地政学的な勢力図はどうせめぎあっていたのか。ロシアは、シベリア東進の最終段階として、アロー号戦争にまぎれて黒竜江以北（北方狩猟・騎馬民族の広大な天地であり、清が監視所を設けて定期的に巡視していた）を呑み込んだ。さらにロシアは、英領インドの軍隊が中央アジアへ北上するのを牽制するために、東トルキスタン＝新疆の混乱に乗じて、新疆の北部を占領するなどした。また、英国は朝貢国ビルマを植民地化し、フランスは朝貢国ベトナムを植民地化した。

もっとも清としては、いくつかの疎遠気味な朝貢国や人口希薄な黒竜江の北辺を失ったことは衝撃であっても、まだ他に忠実な朝貢国があれば「天下の主」としての面子は保たれる。しかもロシアは、清が独力で東トルキスタン＝新疆の反乱を収拾したことをうけて、最終的には新疆北部のほとんどを清に返還していた。

したがって、中国文明にとっての最終的かつ最大の脅威は、自らの足下で「天下の主」としての立場を揺さぶり、とりわけ忠実な朝貢国を切り崩そうとする存在だということになる。それがすなわち日本である。

日本は八九四年の遣唐使廃止以来、明による倭寇取り締まり要請と引き替えの朱印船貿易＝朝貢貿易の呼びかけに応じた足利義満を除けば、朝貢という形式で中国文明世界との間に上下関係を設けることにそもそも消極的であった。そこで、当初黒船来航という脅威とともに直面した近代国際関係にも、やがて対等を旨とする原則に魅力を感じ、積極的に受け容れた。もちろんその結果、対外的な軍事的無能を責め立てる尊皇攘夷の動きによって、徳川家が君臨する「小さな天下」が崩壊するという痛みをともなったことは言うまでもないし、黒船への対応も強いられた動きであった。しかし、いったん明治国家が出来上がれば、主権国家としての独立を全うするために、まず国境線と領域を確定し、その内部を確実に管理するとともに、さまざまな国との外交関係を固めなければならない。

とりわけ日本からみて、清も西洋諸国と対等な外交を始めた以上、これまで疎遠であった清と対等な外交関係を結ぶことは待ったなしである。同時に、従来は曖昧なままで放置されていた日清ふたつの「天下」の間の境界線を明確にする必要がある。

†正面を向き合い衝突する日清、そして琉球＝沖縄問題

一八七一年の日清修好条規締結、すなわち日本側からの働きかけによる対等な外交関係樹立により、それまで互いに知らぬふりをしながらも長崎貿易を通じてのみ結ばれていた日清両国は、はじめて正面から向き合うようになった。

いっぽうその瞬間から、日本の主権・近代外交と、清の「天下」は正面衝突した。

ある朝貢国Ｂ国が、Ａ国によって自国の延長であるとされ、しかも清もそのことを認めてしまった場合、近代国際関係・国家主権の論理では「Ｂ国はＡ国の一部分であること」が固まる。これとは別に、清はそれまでの慣例によって、Ｂ国からの朝貢を引き続き求めることになるが、いったん清が近代国家主権を理解せずに「Ｂ＝Ａ」と認めてしまったからには、それは難しくなる。これが、日清「二つの天下」のあいだに浮かぶ琉球＝沖縄をめぐる問題である。

琉球（尚氏・中山王朝）は、その繁栄の物語を今に伝える「万国津梁の鐘」にある通り、様々な国を結ぶ交易上の結び目であることを誇りとしてきた。しかも明・清にとって、琉球は忠実な朝貢国であり、朝貢貿易の利益を手厚く保証していた。しかし、そのような琉球の利益に着目した薩摩藩が、徳川家康の承認のもと一六〇九年に琉球を制圧して影響の下に置いた（奄美はこれ以後薩摩に取り込まれた）。とはいえ、琉球の利益の源は朝貢貿易であることに変わ

りはない。したがって、薩摩は琉球王朝を監視しながら、明・清に対しては朝貢を続けさせ、徳川政権も琉球を幕藩体制には組み込まず「異国」扱いした。そして琉球は、将軍の代替わりごとに「江戸上り」の慶賀使を送った。

いっぽう明・清は、琉球を見舞った一大事、そして薩摩の監視に対して基本的に見て見ぬふりを貫き、引き続き朝貢国として篤く待遇した。なぜならこれまで述べた通り、朝貢関係とは儀礼を通じて「文明」を「天下」全体に広げ、安定が保たれていることを確認するものであり、朝貢国の内政や第三国との関係に干渉するものではないからである。

前近代の琉球王国が置かれたこのような状況は、第二次大戦の戦禍からみごとに復活した首里城を訪れるとよくわかる。正殿及び儀礼を執りおこなう広場を挟んで、薩摩の役人が詰める「南館」と、清の使節をもてなす「北館」が対峙している。それはまさに日清のせめぎあいを象徴するかのようである。しかし、その緊張が暴発せずに、むしろその後約二世紀半にわたる「安定」につながったのは、日清それぞれの「天下」が互いに別の方向を向き、かつ厳密な境界線や帰属を問うものではなく、単に上下関係さえ確認できれば良いものだったからである。

このような曖昧な空間は、主権国家システムとの折り合いが悪い。そこで日本は、薩摩への従属という既成事実を手がかりに、琉球＝沖縄を日本の主権下に組み込もうとした。とはいえ一八七一年に日清修好条規を結んだばかりの明治日本にとって、ただちに清と琉球の朝貢関係を全面否定することは出来なかった。当初清は、日本に対して西洋諸国と同じような内地通商権を認めておらず、その改正を実現する必要もあったからである。

むしろ明治政府は、清が琉球＝日本であることを認めるような機会を待つことにした。

その機会は意外にも早く訪れた。宮古の漁民が台湾東部で殺害されたことへの報復として行われた、一八七四年の日本軍台湾出兵がそれである。もしそれまでの琉清朝貢関係を前提とするならば、琉球側の抗議をうけて、台湾を支配する清が善後処理にあたる、ということになる。しかしここから先が、いかにも「曖昧な上下関係の天下」らしい。当時台湾西部では、福建や広東東部から移住した漢人が既に多数派となり、元からの住民であるオーストロネシア系（海域東南アジアを覆うマレー的文化）の人々は、山岳へ追いやられるか同化を余儀なくされていた。ところが、地形が極めて厳しい台湾東部には、清の管理は及んでいない。したがって、そのような「天朝の恩恵が行き届かない化外（教化の外側）」で起こった事件については、台湾西部の官憲も関知しない以上、清としては責任を負ういわれはなく、自力救済に任せるということになる。そこで日本は、琉球の属民である宮古島民に代わって仇討ちをするという名目で出兵し、しかも清は日本の対応に不審を抱きつつも、遠路出兵して「化外の愚民」を懲らしめた日本をねぎらうと称して出兵費用を支払った。

これを近代国家主権の論理に則って解釈すると、清は宮古の漁民のために日本が行った行為を認めたことになる。したがって、宮古＝琉球属領＝日本が管理する土地であり、琉球人＝日本国民であるという図式が成り立つ。それ以来、日本は琉球に対して清への朝貢の断絶を求め、琉球内部では日清いずれに従うかをめぐる混乱が深まる中、ついに明治政府は一八七九年に琉球王朝（琉球藩）を廃絶し、沖縄県を設置する措置をとった。

†琉球＝沖縄問題の本質

こうして、近代国家主権・近代国際法外交の論理が東シナ海にも及ぶ中、琉球王国はついに歴史の表舞台から去った。かりに前近代から、この海域において国の大小を問わず諸国が平等・対等であるという観念が根づいていれば、琉球＝沖縄は平和な日清・日中関係の中で過去未来にわたり独立と繁栄を享受する「美《ちゅ》ら島」であるのかも知れない。しかし、大国間の警戒心が消えないところに国境線・主権の観念が持ち込まれた結果、日本が新たに支配するにせよ、清→近現代中国が朝貢関係を新たに厳格な「宗主国と属国の関係」に置き換えて支配するにせよ、琉球＝沖縄の苦しみは不可避となった。

それを和らげ、日本国民としての法の下の平等と国民統合を本当に実現するためには、単に政府と沖縄県（そして米国）との関係にとどまらず、日本国民全体としての絶えざる努力が必要である（筆者の私見では、声高に防衛力増強を叫びながら、その一方で沖縄の基地負担軽減の呼びかけに応じて訓練場・基地を地元に誘致することには断固反対という人々が余りにも多いのは異様である。危険性がゼロではない必要悪ならば、リスクを分散すれば良いではないか。なお筆者は長年米軍基地の近隣に住み、戦闘機の騒音の何たるかを骨身に知りつつも、日本が置かれた外交環境に照らして日米安保を容認するものである)。

ちなみに、一八七九年の琉球処分を以て、日本と清の境界が今日のように固まったわけではない。終章で述べるように、その最後の段階として尖閣諸島に対する先占がある。

†「文明の優等生」朝鮮という難問

琉球=沖縄の問題が理解できれば、日清戦争に至る朝鮮問題、そして清が朝貢国を完全に失って「天下」「文明」が崩落することの意味を理解するのは難しいことではない。

近代国際関係が求めているのは、すべての土地がいずれかの国家によってしっかりと管理されている状態の実現である。逆に、もし管理という点で曖昧な余地があれば、主権国家どうしの争奪戦になってしまう。そして、いったんある国家どうしが互いに対等な主権国家であると認め合ったら、その瞬間から相手の主権国家は他国の介入を受けず独自に決めごとをなしうると判断し、そういう存在として互いに尊重する。もしそうではなく、対等だと認めた相手が別の第三国の影響を受けているとしたら、自国と相手国との関係にもその第三国が絡んでくるだろう。そこで、その第三国に対しても、相手国と第三国の関係が対等であることを要求することになる。しかし、その第三国がやすやすと影響力を放棄するという保証はどこにもない。「天下」の広がりの中に対等な国際関係が持ち込まれた場合の問題とは、まさにこのようなことである。清と対等になったA国が、A国にとっては対等でありながら清の朝貢国でもあるC国をめぐって「我がA国と、従来朝貢国であったC国は対等である。したがって、清と我がA国が対等であるのと同じく、清はC国を対等な国として扱え」と要求することになる。この要求を認めれば、すべての国はやがて清と対等になり、朝貢国はなくなる。それは、「天下」の上下秩序の完全崩壊にほかならない。この問題は、朝鮮半島をめぐってはっきりとあらわれる。

朝鮮は、中国文明が思い描いた上下関係の「礼」の秩序における最優等生であった。もともと朝鮮に先立つ王朝・高麗は仏教国家であったが、弱体化と元の侵攻が重なる中、大都（今日の北京）に人質として連れて行かれた王族に付き従ったエリートが朱子学を受容した。そこで元が滅び明が成立して間もなく、朱子学を学んだ李成桂がクーデタで新国家を成立させると、憎き元を滅ぼした明に対して臣下の礼をとった。古代朝鮮にならった「朝鮮」という国号も、「和寧」という案とともに明に打診し、明太祖・朱元璋から賜った恩恵深きものということになっている。そして、儒学（とりわけ朱子学）に則った制度と礼儀を徹底して整え、様々な朝貢国の中でも最も明を慕い「華」に近い存在であろうとした。そのような朝鮮が、豊臣秀吉の侵攻を明に救ってもらったのであるから、「慕華」の自意識はますます強まった。

そのような朝鮮は一七世紀に入ると、天地が逆転するかのような悲劇に見舞われ始めた。明に代わって台頭した満洲人の国家・後金あらため清に、はじめ同盟、のちに朝貢を強要されたのである。しかし朝鮮から見て、騎馬民族の満洲人は「北方の野蛮人」にすぎず、慕わしい明を裏切るいわれはない。そこで怒った清は朝鮮に侵攻し、一六三七年には「三田渡の盟約」を強要して明への朝貢を断絶させた。その後間もなく明は滅び、清が山海関から南下して漢人全体を支配したことから、この期に及べば朝鮮も清に朝貢するしかない。

その屈辱は想像を絶する。なぜ朝鮮の恩人である明を潰した野蛮な騎馬民族の使者を、わざわざ「迎恩門」まで建てて迎えなければならないのか。なぜ憎き野蛮人皇帝が定めた年号を、朝鮮も使わなければならないのか。朱子学で全面武装した朝鮮の士大夫は、心の底では明末の皇帝・崇禎帝の年号を秘かに使う有様であった。そもそも朝貢するかしないかは、皇帝の「恩徳」を感じた外国の側の自発的な行為である。しかし朝鮮が清に朝貢した歴史に限っていえば、有無を言わせない強制であり、まれな事例である。

朝鮮がこの悲惨な心理を何とか自ら慰めようとする発想もまた、上下関係の論理を心の底から受け容れた朱子学の国家らしい。すなわち、明の文明の輝き・「中華」の精華は、今や明と最も近い「慕華」の国・朝鮮に引き継がれ、再び明が復活するまで朝鮮が代わりに保つというのである。これを朝鮮版の**小中華思想**という。例えば、朝鮮史上最も著名な知識人の一人・朴《パク》趾源《チウオン》（一八世紀後半に活躍）は、代表的著作『熱河日記』で次のようにいう。

本来であれば崇禎後紀元で記録を残したい。しかし清人はみな清の正朔を奉じているので、敢えて崇禎（の年号）を称することはしない。それでも個人的に崇禎を称したいのは、皇明の中華こそ我々が最初に命を受けた上国だからである。……明室が亡んで以来、百三十余年が過ぎ……清人が中国に入って主となって以来、先王の制度（堯・舜以来の中華の文明）は胡のそれへと変じてしまった。しかし、東をめぐること数千里、（われわれ朝鮮は）江を画して（鴨緑江を挟んで）国となし、独り先王の制度を守る。このことから、明（の権威と栄光）がなおも鴨水（鴨緑江）の東に存在していることが明らかである。

そして朝鮮は、たとえ強いられた朝貢儀礼であろうとも、それを完璧に実践することによって、朝鮮こそ「礼」の上下秩序における最優等生であることを「天下」全体に知らしめようとしてきた。このような朝鮮が、朝貢すらしない日本に対して「上国」であると感じるのは当然すぎることである。徳川時代の朝鮮通信使は、徳川からみれば「公儀＝将軍の威光を慕う異国の使者」であったが、朝鮮からみれば「上国が野蛮国に《文明》の恩恵を施す」手段にほかならなかった。

†嫌韓論は日本のみの問題か？……歴史は繰り返す

日本が近代外交を採り入れ、諸国との間に対等な関係を結ぶということは、西洋列強や清と渡り合うためであるのみならず、まさにこのような上下関係でしか物事をとらえない国に対し全面的に立場の修正を求めるためでもあった。しかも朝鮮は、明治政府が王政復古に伴い一八六八年に発した外交関係樹立の呼びかけに対して、「皇」「勅」という文字が含まれているために拒否しており、それが日本国内の征韓論を激化させていた。朝鮮は、これらの字を使用できるのは「天下の主」たる清皇帝のみであり、朝貢すらしない日本がこれらの字を用いることは失礼極まりないとした。

二〇一二年夏以後、竹島問題をきっかけに日韓関係が冷却化する中、韓国側は「独島侵略を図る日本当局の妄動が、日本全体を極右化させて日韓友好を妨げている」としきりに非難する。しかし筆者の私見では、長らく韓国が竹島を実効支配している以上、大統領が島に上陸したこと自体は大きな問題ではない（遺憾だが止めようがない）。むしろ、野田首相の親書を「独島と書いていない。竹島とは何か」とばかりに、非外交的ルートで送り返したという事件こそ、「問題はいろいろあるものの隣国として互いに話し合い共存したい」と願う日本人の対韓感情を著しく損ねたと信じて疑わない。ただ、このような展開はいま始まったものではなく、一五〇年前に起こった展開と近似のものなのである。

それはさておき、当時の朝鮮のかたくなな態度は、王朝内部で姻戚関係にからんだ激しい権力闘争が展開されており、対外的な妥協や「野蛮な夷狄のやり方（＝西洋風近代化、およびそれを採り入れた日本の文明開化）」の導入が、ライバルに攻撃の口実を与えて命取りになるという問題にも由来していた。対外関係においては上下関係にがんじがらめにされ、対内的には凄惨な党争で行き詰まった朝鮮。その存在は、当時の明治日本からみて、ロシア・清と対峙するうえでも極めて危ういもののように見えた。

そこで当時の日本は、その風穴を開けるためには、多少の圧迫を伴いつつも改めて対等条約締結を迫るしかないと考え、一八七五年に江華島事件を引き起こして朝鮮を対話のテーブルに就かせ、翌年日朝修好条規を締結した。そして、朝鮮内部に僅かながらも現れた開化派と協力し、朝鮮における文明開化を促進しようとした。

†福沢諭吉の洞察……近代日本のバイブル『文明論之概略』

今日の韓国ナショナリズムにおいては総じて、日本との協力によって近代化を推進しようとした人々への評価は低く、さらには「親日派《チニルパ》」として蔑まれてすらいる。彼らの存在が日本の影響の増大を招いてしまったためであるという。しかし、彼らが朝鮮の命運を案じていなかったと言えば、それは大いなる誤りであろう。歴史的に「日本よりも我々の方が上国」という自意識で固められた国が、日本の植民地支配という屈辱に陥ったがために、冷静な見方を失っているように思える。そして日本の側にも、中には自由民権運動の夢破れて大陸へと雄飛しようとする「大陸浪人」の謀略家もいたのは確かであろうが、日本と朝鮮がともに上下関係の束縛から脱して対等に協力し未来を開くべく、開化派と協力しようとした人々もいた。

近代日本の知を創った第一人者である福沢諭吉は、その代表的人物であるといえよう。福沢諭吉の代表作『文明論之概略』によると、独立自主の気概を持った個々人が智識を不断に高めれば、それが一個人・一国の独立だけでなく、人類にとってより良き状態を切り開いてゆくことにもつながり、それが文明の進歩であるという。その視点からいえば西洋文明すら決して完全なものではなく、当面参考にしうる中では最も優れているために採用するに過ぎないものであった。

このような立場から見て、新たなる文明を阻害するものは、上下関係を独占しようとする中国文明の発想そのものに他ならなかった。福沢はそれを「支那の神政府」と呼んで、次のように厳しく批判した。

秦皇が特に当時の異説争論を悪て之を禁じたるは何ぞや。其衆口の喧しくして特に己が専制を害するを以てなり。専制を害するものとあれば他に非ず、此異説争論の間に生じたるものは必ず自由の元素たりしこと明に証す可し。故に単一の説を守れば、其説の性質は仮令ひ純精善良なるも、之に由て決して自由の気を生ず可らず。自由の気風は唯多事争論の間に在て存するものと知る可し。秦皇一度び此多事争論の源を塞ぎ、其後は天下復《ま》た合して永く独裁の一政治に帰し、政府の家は屢交代すと雖ども、人間交際の趣は改ることなく、至尊の位と至強の力とを一に合して世間を支配し、其仕組に最も便利なるがために独り孔孟の教のみを世に伝へたることなり。或人の説に、支那は独裁政府と雖ども尚政府の変革あり、日本は一系万代の風なれば其人民の心も自から固陋ならざる可らずと云ふ者あれども、此説は唯外形の名義に拘泥して事実を察せざるものなり。よく事実の在る所を詳にすれば果して反対を見る可し。……中古武家の代に至り漸く交際の仕組を破て、至尊必ずしも至強ならず、至強必ずしも至尊ならざるの勢と為り、民心に感ずる所にて至尊の考と至強の考とは自から別にして、恰も胸中に二物を容れて其運動を許したるが如し。……之を専にするを得ざれば其際に自から自由の気風を生ぜざる可らず。之を彼の支那人が純然たる独裁の一君を仰ぎ、至尊至強の考を一にして一向の信心に惑溺する者に比すれば同日の論に非ず。此一事に就ては支那人は思想に貧なる者にして日本人は之に富める者なり。

支那人は無事にして日本人は多事なり。心事繁多にして思想に富める者は惑溺の心も自から淡泊ならざるを得ず。（岩波文庫版・三四〜三五頁）

支那は独裁の神政府を万世に伝へたる者なり、日本は神政府の元素に対するに武力を用ひたる者なり。支那の元素は一なり、日本の元素は二なり。此一事に就て文明の前後を論ずれば、支那は一度び変ぜざれば日本に至る可らず。西洋の文明を取るに日本は支那よりも易しと云ふ可し。（同、三六頁）

やや長い引用ではあるが、福沢諭吉の主張を分かりやすく説明したい。中国文明史上初の巨大な中央集権をつくった秦の始皇帝は儒学を排斥したものの、その後の諸帝国は上下秩序の専制支配のために、とりわけ「徳治」の名のもとで権力と権威を独占するために、儒学を国教・国学化して人々に墨守させた。その結果、人々からは多様性が失われて思想的な停滞が起こった。これが「惑溺」の境地である。これに対して、思想の自由や多様性による活力は、権力と権威が独占されずに自由の境地が許され、「多事争論」が花開くことによって生まれる。皇室と武家に権威と権力が分散した日本は、中国文明と比べれば知的多様性において優れており、西洋文明を採り入れるにあたっても有利な立場にあり、中国文明が日本の境地に至るには巨大な挫折が必要だというのである。

さらに福沢諭吉『文明論之概略』は、儒学的な道徳支配における「偽君子」の問題を容赦なく糾弾する。「徳」は確かに、個人の内面を規律するものであり、欠かせないものである。しかし、それが支配の表看板となったとき、権力者はそれを口先で繰り返すのみで、むしろ全く徳を備えず、逆に批判を許さず残酷な統治を招いてしまう可能性が高い。それを避けるためには、**外見上誰にとっても明らかな規範に則った透明な支配（すなわち法の支配）を、「智」によって構築する必要がある。**そのためにも、多様な人々が「人間交際《じんかん》」を通じて「多事争論」の境地を作り出すことが欠かせないと説く。

以上の問題意識が次第に明治日本において浸透し、実際にその通りの思想的展開が根付いたとなれば、なおさら日本を取り巻く外交環境、ならびに周辺国の内政において、「支那の神政府」的状況＝儒学的な道徳支配による上下関係の秩序を解消することは必然であった。しかも、それは単に日本のみならず、朝鮮・清の両国において共有されることで、はじめて真に対等な国際関係と、相互の切磋琢磨が可能になることが明らかである（ただし福沢は、日本国体論における天皇への権力と権威の集中に対しては「彼の皇学者流の説の如く、政祭一途に出るの趣意を以て世間を支配することあらば、後日の日本も亦なかる可し」と強く警戒している。実際それが近代日本の命運を傾けたことを思えば慧眼というべきである）。

†いわゆる「脱亜論」は脱亜と侵略の理論か?

しかし、このような見地からする朝鮮開化派への支援・交流は、一八八四年の甲申事変によって暗転した。

朝貢国・琉球を失い、さらにはベトナムやビルマを失いつつあった清は、いっぽうで近代外交と万国公法(国際法)に適応するにつれ、これ以上西洋や日本につけ込まれて「天下」が瓦解するのを防ぐためには、国際法の論理における宗主国と属国の関係、あるいは植民本国と植民地の関係を採り入れる必要があるのではないかと考え始めた。すなわち、従来の儀礼的な上下関係に過ぎなかった朝貢関係を、実際に皇帝が属国たる朝鮮に対して権力を振るい従わせる関係へと転換させるというのである。なぜなら、西洋諸国のみるところ、ある国が属国であると主張しうるためには、その属国の内政と外交について、第三国の干渉を排除しながら左右しうる権利、すなわち宗主権がはっきりと存在しなければならないからである。そうではなく、儀礼のみがあって実際には「属国」の内政と外交が自主的に行われているとすれば(属国自主)、国際法上その「属国」は独立国であると判断される。

そこで、当時の清の最有力者であった李鴻章は、彼の若き腹心である袁世凱を送り込み、「立ちおくれた朝鮮を皇帝の恩恵によって導く」という西洋植民地主義さながらの論理を掲げ、朝鮮の内政と外交に干渉し始めた。しかも一八八二年、窮乏した兵士の反乱に端を発して日本公使館が襲撃され日本が出兵した壬午事変が発生すると、袁世凱を介した朝鮮への内政干渉が強まった。そこで、独立と開化しか朝鮮を救い得ないと考えた金玉均《キムオッキュン》ら若手エリートが甲申事変を引き起こし、失敗した彼らは日本への亡命を余儀なくされた。

一八八五年三月一六日に『時事新報』に無署名で掲載され、のち福沢諭吉の執筆によるものであることが明らかになった余りにも有名な社説は、このような朝鮮情勢をうけて書かれた。

今日の謀を為すに、我国は隣国の開明を待て共に亜細亜を興すの猶予ある可らず、寧ろ其伍を脱して西洋の文明国と進退を共にし、其支那朝鮮に接するの法も隣国なるが故にとて特別の会釈に及ばず、正に西洋人が之に接するの風に従て処分す可きのみ。悪友を親しむ者は共に悪名を免かる可らず。我れは心に於て亜細亜東方の悪友を謝絶するものなり。

のちに「脱亜論」と呼ばれるこの文章をめぐっては、アジアの伍を脱して西洋の文明国と進退を共にし、アジア東方の悪友を拒む、という趣旨と、日清戦争以後の日本が現実に清・朝鮮を圧迫した事実が組み合わさり、中国と韓国では「日本軍国主義の象徴」と目されている。

しかし、このような認識は的を射ていないのではないか。日本とアジアの生き残りのためには、まさに自由で「多事争論」な地域社会が必要であるところ、甲申事変の結果現れたのは、「支那の神政府」によるさらなる朝鮮への圧迫と、それに伴う朝鮮の内政・外交の深い混迷であった。朝鮮が開化派を日本へと追いやり、もはや朝鮮には福沢らとともに対等な協力関係を構築しうる芽がない以上、日本がそのような清と朝鮮の上下関係に巻き込まれるのではなく、あくまで日本は独力で自らの開化を進め、冷たく割りきった近代外交で付き合えば十分である、ということである。

むしろ問題は、このあとの日本が福沢の示した方針を大きく踏み越えて、別の「神政府」として朝鮮・韓国に介入したことにある。

そして今あらためて「東アジア」には、自らの「徳」を振りかざして他者を圧倒し、あるいは拒もうとする言論があふれている。その行き着く先は敵意と衝突でしかない。むしろ、お互いが「悪友」と思っているのであればこそ、「徳」の強要による衝突を避けるためにも、このようにドライに割り切って競争に徹する是々非々の近代外交は悪くないのではないか。冷たく管理された平和は、心にもなく演出された「友好」による摩擦に勝る。

†日清戦争……「天下」=中国文明世界の崩壊

「東アジア」近現代史の巨大な節目となった日清戦争は、以上にみたように「国際関係は対等であるべきか、それとも上下関係であるべきか」をめぐる、決して妥協なき矛盾の果てに起きたものであり、単なる地域紛争ではなく、あくまで文明的な一大衝突であった。一応、その具体的なきっかけは、朝鮮内部における農民反乱（東学党の乱）ではあった。しかしこの反乱は日本と西洋の排除を掲げていた。そこで日本は、修好条規に基づく権益を守るべく出兵を検討する過程で、当然予想される清との正面衝突に乗じて、朝鮮をめぐる矛盾の一挙解消を意図した。当時の陸軍大臣・陸奥宗光は次のようにいう。

かつて我が国の漢儒者流は常に彼の国を称して中華または大国といい、すこぶる自国を屈辱するを顧みず荐に彼を崇慕したるの時代もありしに、今は早、我は彼を称して頑迷愚昧の一大保守国と侮り、彼は我を視て軽佻躁進妄りに欧州文明の皮相を模擬するの一小島夷と嘲り、両者の感情氷炭相容れず、いずれの日かここに一大争論を起こさざるを得ざるべく、而して外面の争論は如何なる形跡に出づるも、その争因は必ず西欧的新文明と東亜的旧文明との衝突たるべしとは識者を待たずして知るべき事実なるに加え、疆土相接し国力やや均等なる隣邦の間には常に存在する相互の功名心、相互の猜忌心は日に月に両者の憎悪と嫉妬とを醸生し、彼此互いに怪異すべからざることを怪異し、彼此互いに軽侮すべからざるに軽侮し、表面いまだ何らの争徴を露さざるも禍機は何の時、何の処に爆発する

やを知らず。（陸奥宗光『蹇蹇録』岩波文庫、五九頁。太字は平野による）

戦争そのものは、とりわけ清の側が何事も後手に回り、軍事費を宮廷の贅沢のために流用したこともあって惨敗した。その間の細かい推移はさておき、その結論はまさに下関条約第一条がいうように、近代の「東アジア」国際社会における「華」を中心とした上下秩序の完全否定、すなわち朝鮮の独立に尽きる。

その後の歴史は、内外ともに不安定さを抱え続けた朝鮮改め韓国への日本の関与の増大、そしてついに日韓併合という事態となり、日本が日清戦争の成果の最たるものを否定したことで今日に至る歴史的対立が生み出されたのも確かである（そもそも先述の通り、前近代の段階で極めて強烈なナショナリズムの萌芽がみられた「小中華」朝鮮が、「下の国」日本への従属に甘んじるはずがない。その洞察なくして安易に韓国を併合して近代化を促進したのは、近代日本史上最大の失敗のひとつと筆者は考える）。しかし少なくとも、韓国近代ナショナリズムのはしりである独立協会の人々が迎恩門を破壊し、代わりに独立門を建てることが可能になったこと、そして李鴻章の名代たる袁世凱に高宗《コジョン》が平伏低頭するという屈辱が終わって「大韓帝国皇帝」を名乗ることが可能になったのも、日本が中国文明的「天下」を敗北に追いやった結果なのである。

第四章

日本的近代という選択

†天命の不在

日清戦争が明らかにしたのは、互いに対等な近代国際関係と、全ての存在には上下関係があるという「天下」観は全く相容れないということであった。しかし同時に明らかになったのは、絶対的な聖人君子の「正しい」政治には、救いがたいほころびがあるということであった。

現実の人間の余りにも限られた能力ゆえに、たとえ「正しさ」はカギ括弧つきのものであるとしても、それに対して真っ向から対決を挑むライバルが不在である限り、その「正しさ」は内向きに「実証」され続ける。

そのわかりやすい例が北朝鮮である。建国の父・金日成を継いだ二代目・金正日は、「抗日の神聖なる戦いの中、朝鮮半島の最北端に位置する気脈の源たる白頭山にて、あらゆる神秘現象を伴いながら生まれた」という。そこで彼は、革命的な気脈や血脈をみずから証明し、北朝鮮の人々をより良い方向へ導くべきであった（今日、朝鮮労働党員であることとは、この物語の唯一絶対性を信じることである）。しかし、彼を溺愛した父親の金日成ともども、「苦難の行軍」と呼ばれる凄まじい飢餓の原因をつくったし、「朝鮮民族の脳髄たる金一族の英明的な指導」のもと、北朝鮮では世界最悪の人権状況が続いてきた。

結局のところ、およそあらゆる「天命」は最初から存在するはずがない。のちの統治のいかんによって、あるようにも見えればないようにも見えるだけのことに過ぎない。

†西洋文明の本質は大艦巨砲主義なのか

清末のエリートが抱いたのは、このような問題をめぐる恐怖感である。

日清戦争の敗戦に至るまでに、外交官や条約港知識人（一八六〇年代以後、上海や天津などの条約港で外国人と日常的に接触し、あるいはミッションスクールでの勉学を通じ、海外情勢に通じるようになった人々）は、皇帝を中心とした上下関係の政治の致命的な欠陥に薄々気づいていた。

例えば馬建忠・郭嵩燾《かくすうとう》・鄭観応《ていかんのう》といった人々は、西洋諸国の強さの根源は決して大艦巨砲主義にあるのではなく、むしろ国民一人一人に行き届いた教育と福利厚生を施すことにあるとみた。それによって社会の質を高め、産業を興し、税収を上げてこそ、はじめて富国強兵も可能になる。のみならず、教育によって智識を高めた民衆が世論の形成に参加し、議会を通じて世論が政策に活かされ、憲法制定によって権力と国民個々人とのあいだの権利義務関係が明らかにされることによって、はじめて誰もが政治の担い手としての立場を自覚することができるとみた。そのような個々人の集合体として、最終的には国家が強みを発揮する。国家は単純に上から権力を振りかざすものではなく、民力と民智を育てる存在であってこそ、はじめて真の繁栄を実現でき、それでこそ儒学の経典に見合った「仁政」だと考えたのである。

ナショナリズムの象徴として、日本の神武天皇を真似て描いた「黄帝」の図（『黄帝魂』より）

しかし現実のところ、日清

戦争に敗れるまで、このことに気づいたエリートはごく僅かであり、影響力に乏しかった。八旗の軍人は長年の特権に甘んじて実力を失い、士大夫は儒学の経典をかじって民衆の上に君臨するのみであった。一般民衆は「下」の者として、「上」の人々が行う政治に関心や責任を持とうとはしなかった。

こうした上下関係の文明のもと、西洋近代の強みは、単に大艦巨砲で世界各地を踏みにじる勢いにあると見えてもおかしくない。そこで清も、日清戦争に至る緊張の中、定遠・鎮遠という二大巨艦をドイツから購入し、日本や欧米に対して睨みを利かせれば良いと安心しきっていた。長崎に示威入港したこれら巨大軍艦の乗組員は、日本人に対して我が物顔であった（長崎水兵事件）。また、李鴻章の旗振りのもと、天津や上海の近郊には軍需工場が設けられ、日本に対する備えは盤石なはずであった。

しかしいざ蓋を開けてみれば、巨艦といえども軍人の自覚や責任感が乏しく、小型ながらも機動的な日本の艦船によって呆気なく沈没させられた。大砲を撃とうとしても、軍需工場すらその場限りの見せかけで済ませていたため、弾丸の中味は砂であった。このような悪夢を現出させた政治社会をもたらしたのも「天命」なのか。ならば、そのような「天命」に依存するのを一刻も早く止めるべきではないか。

†変法自強の叫び

西洋の流儀を、単に技術力だけでなく国家運営・国民形成まで含めていち早く採り入れた日本（日本の場合も、儒学の価値に照らして西洋文明に惹かれたという点で、上述の一九世紀後半の知識人と同じである）。これに対し、西洋を表層でしかとらえることが出来ず、逆に「正しい」支配こそ脆く狭い認識のあらわれでしかないこと、そして八旗の軍人も李鴻章子飼いの北洋軍も見せかけだけの無能な集団であることに気づいてしまった清末社会。その激しい落差に、心あるエリートほど背筋が凍った。

今こそ、日本の文明開化と国家建設にならって、清も全面的に政治を刷新し、「公」の精神のあらわれとして言論を自由化し、議会政治を実現することによって民智を活かすこと、立憲政治を実現して皇帝や貴族の専横を防ぐことが必要である。このようであってこそ、清＝中国でも自強が実現し、西洋や日本のような文明国と肩を並べうる……。このような動きが日清戦争後ただちに噴出した。これを**変法自強**運動と呼び、とりわけ康有為・梁啓超といった若手科挙官僚が旗を振った。

しかし変法自強運動は、変化を嫌った保守派が西太后を味方に付けてクーデタを起こしたことで失敗し、康・梁をはじめ指導者は日本への亡命を余儀なくされる。そこで保守の度を極めた西太后らは、排外を叫ぶ拳法集団・義和団の力を借りて、西洋・日本を追い払おうとした。これを義和団事変という。しかし一九〇一年、逆に八ヶ国連合軍に攻め込まれてしまい、日清戦争によって完全に否定された「天朝」の面子は、改めて地に墜ちた。

ちょうどこの頃、西洋で流行した社会進化論が、厳復『天演論』として清末社会に紹介された。ダーウィンの進化論は「適者生存」を旨とする。全ての生物は環境に適応して様々に枝分かれして進化した、ということである。しかしこれを政治・社会に適用すると、現下の世界情勢＝環境に適応した帝国主義国家のみが生存し、失敗した国家・種族は滅びるという衝撃の結論が待っている。あるいは、「優勝」の白色人種が世界を呑み込み、「劣敗」の黄色人種は同化や消滅を迫られるしかない。中国文明は果たして、挽回して適者となるのか、それとも現状に甘んじて滅亡するのか。もちろん「適者」を選ぶ……これが清末知識人の回答である。

†日本に学べ！

そこで、クーデタに敗れて日本に亡命した梁啓超は、中国文明の生き残りのために、日本で漢字に翻訳された西洋の諸議論（とりわけ政治学）を集中的に漢語に翻訳し紹介した。これを**和文漢読**という。あるいは、張之洞という官僚は「勧学篇」という文章を著し、若いエリートは日本に留学せよと説いた。なぜなら、待ったなしの西洋文明の吸収にあたり、日本人が既に代わって漢字に翻訳してくれているからであるという。

いっぽう、満洲人の国家・清を打倒しなければ、漢人本来の能力と輝きが発揮されず、中国の保持も不可能であると考えた人々＝**排満革命**派も、弾圧を逃れて日本に集結した。

さらに、日露戦争で日本が勝利し、「立憲の日本が専制のロシアに勝った」という印象が圧倒的なものになると、いよいよ日本のあらゆる事物を学ぼうとする留学生が殺到し、排満革命派も大同団結して東京にて中国革命同盟会を発足させた。こうして、東京・横浜・神戸といった都市が、またたく間に近代中国の様々な運動の震源地となっただけでなく、他でもない和製漢語を全面的に採り入れることで、中国の近代は日本の近代の模倣として展開されることになった。

†二〇世紀以後のアジアにおける「文明の衝突」の構図

「他者の物語で自分の夢を見ることを強いられた」中国文明の鬱屈は、これによって決定的なものになる。かつて我々から文明を吸収した日本の成功を、いま我々が積極的に採り入れるのは、日本も我が文明の延長である以上当然である（附会論。前章参照）。それによって、我々が「劣敗」ではなく「優勝」の側にいることを証明できる。日本人の中には、例えば**アジア主義**者のように、**「一衣帯水」「同文同種」**という言葉で象徴されるような漢字文明の連帯に共鳴し、中国の革命なり近代化を全面的に支援する人々もいるではないか。

しかし深く考えてもみれば、日本が独力で和中洋を折衷した新事物のもと興隆したのであれば、それは中国文明や西洋文明とは異なる文明である可能性が高い（もちろん日本は中国・西洋文明から得た恩恵を忘れない）。対等な国際関係と、その一方で当時日本が掲げていたアジアにおける日本中心主義（アジア主義者も往々にしてそうであった）は、二重の意味で屈辱的である。それらに安易に屈服するならば、どうして中国文明の自尊心は満たされようか。

とはいえ、中国も今や対等な国際関係を受け容れさせられた以上、中長期的にみて圧倒的な力を誇る欧米列強を従えることは難しい。そこでとりあえず、日本から得た新事物を独自に消化して「国産」ということにすれば良い。やがて「社会主義」「共産主義」という和製漢語も、あるいは実は日本から部品を購入している高速鉄道技術も、すべて「中国の特色ある国産」ということになってゆく。

こうして、今日に至る近現代東アジア史の基調は、

(一)「西洋によって世界レベルに拡大された普遍的で開かれた文明」をアジアにおいて代表しようとする（それゆえに一時は極端な自国中心主義に傾いたものの、戦後はあくまでソフトパワーとして台頭しようとする）日本。

(二)「欧米と渡り合う一方、アジアにおいては中国中心の秩序を実現させたい」と願い、包

容力があるよう演じながらも、模倣元の日本とは「アジアにおける中心性」を争い、内政・外交の緊張ゆえにソフトパワーになれない中国。

これら両者の対立に、米欧ソ（露）印など大国の利害が複雑にからみあうものとして展開されることになった。

†民国の成立

清末のエリートはその取りかかりとして、一方では日本式の憲法・官制・軍制を採り入れることで、満洲人皇帝を「万世一系」として頂きつつ立憲政治を実現させようとした。これを**清末新政**という。

しかし一方では先述の通り、既に「天命」が失われたとしか思えない満洲人を排除し、漢人中心の国家をつくろうとする排満革命が噴出した。その際、漢人ナショナリストは、日本の「万世一系」の源流にいる神武天皇のイメージを拝借し、「世界民族主義の大偉人・中国民族の始祖」たる**「黄帝」**を祭り上げることを忘れなかった。神武天皇紀元（皇紀）は清末の時点で二五六〇年代であったが、黄帝紀元は約四六〇〇年に達していたので、これだけでも日本に対する中国文明の優越は明らかではないか、ということである。

いっぽう清末には、当局と革命派との対立が各地で起こる中、鉄道利権をめぐって外国人の関与を嫌う「保路運動」が暴動化したこともあり、清の支配は急速に揺らいだ。この結果一九一一年（辛亥年）十月十日・武昌（今日では武漢市）における革命派の武装蜂起が、瞬く間に全国的な清への離反につながってしまった。これが辛亥革命である。

こうして満洲人皇帝（ラストエンペラーこと宣統帝・溥儀）は幼くして退位させられ、一九一二年元日を以て中華民国が成立した。事ここに至れば、清末新政派にしても排満革命派にしても、日本と同じような立憲主義の大国をつくりたいという願望は全く同じであるため、少なくとも両者のあいだの深刻な対立はなくなる。それを象徴するのが、臨時大総統・孫文の退位と、清末の大官僚・袁世凱の大総統への就任であった。もちろんこれは、内外情勢ともに極めて不安定だった新しい民国の運営を、豪腕の袁世凱に託すためであった。かつては皇帝権力や李鴻章の下僕に過ぎなかった袁世凱も、今や共和制に賛同した以上、確実に立憲主義的な政治を実現し、中国を富強に導いてくれるはずである、と。

†袁世凱と軍閥のボス政治

しかし、袁世凱の政権は、ナショナリストが望むような政治を実現できなかった。

まず、成立したばかりの民国政府は余りにも政権基盤が脆かった。なぜなら、清の崩壊後、各省のエリートは独自に力を付けて軍閥化したからである。近代中国における軍閥は、日本のそれのように常備軍の内部に独自の派閥が出来るという類のものではない。それぞれの省における士大夫が、鉱山開発などを元手に殖産興業を進め、その利益を用いて軍事化・ボス政治化するというものである。

その起源は、一九世紀半ばの太平天国の乱にあたり、八旗を中心とする常備軍のみでは到底対処できず、儒学文明をキリスト教がかった反乱から守るために士大夫こそ武装せよ、という気運が高まったことによる。そこで、財源として各省独自に通行税（釐金《り》）を取ることが認められた結果、各省は中央からの独立性を強めていった。その流れの中に、日本留学帰りの近代的エリートが多数加われば、力不足の民国政府をさておいて、まずは自分の地域で産業化・軍事化し、周辺の軍閥とわたり合おうと思うのが自然な流れである。

かくも国内が四分五裂に陥ったとき、中央政府と称する権力としては何をなしうるか。あるいは何をすれば中央政府と認められるか。その一つの回答は、少なくとも国民意識のレベルにおいて「中国は分裂しておらず一つである」ことを全ての人々に明らかにし、自覚させることにほかならない（「中華民族」論の出現、この問題は次章で扱う）。もう一つの回答は、軍閥中心のボス政治の頂点に中央政府がいるという状況を何とか保つことである。

そこで袁世凱は、西洋諸国や日本から借金を重ね、それを元手にボス政治に執心した。ボス政治の恐ろしさは、その頂点に君臨する人間に本当に人徳や実力があるかどうか分からないにもかかわらず、利益目当てに平身低頭し群がる人々を前にして、自分こそ本当に人徳があると思い込んでしまうことである。これこそすなわち道徳政治の本質である。豪腕政治家として知られる袁世凱もこの落とし穴から逃れることはできなかった。

一九一五年に袁世凱が起こした帝政運動は、このような物語の結末にくる哀れな物語である。袁世凱は、自らの強権とボス政治を批判する人々を逮捕・暗殺し、いつの間にか周囲にはイエスマンしかいなくなった。そこで逆に、自分は四分五裂の中国を徳ある強権によって救いうる唯一の人物であり、皇帝に即位するのにふさわしいと思い込み、自分を皇帝に推戴するような世論工作を進めたうえで、国号を「中華帝国」、年号を「洪憲」に改めることにした（ちなみに、歴史上「中華帝国」を名乗ったのは袁世凱のみである）。しかしその瞬間から、各地の軍閥が一斉に反旗を翻し、自信喪失に陥った袁世凱は翌年退位し、間もなく死去した。

†抗日の源流……日本への思い入れの破綻

袁世凱のもう一つの失敗は、日本の領土的野心に対してそのまま妥協してしまったことである。一九一四年の第一次世界大戦勃発後、日本は山東省のドイツ利権などの獲得を狙い、民国に対して**対華二一ヶ条要求**を行った。これは明らかに民国の混迷の足下を見た圧迫にほかならないため、袁世凱政権は即座に拒否するべきであった。しかし日本からの借款に依存しきっていた袁世凱政権は、日本の要求に抗しきれなかった。

この結果、近代中国ナショナリズムは明らかに反日・抗日に舵を切りはじめた。清末以来一貫して近代国家・日本の成功に憧れ、とりわけ当時の「黄色人種対白色人種の闘い」という世界観の中で、中日両国が「同文同種の兄弟」として団結すれば恐れるものなしと信じていた人々は、その日本に裏切られたという深い衝撃を受けたのである。梁啓超は、自ら主宰する『大中華雑誌』で、中長期的にみて日本はこのような圧迫をしたことを必ず後悔する日が来ると予言した。

アジアにおける第二次世界大戦が、中国をはじめ各国のナショナリズムを尊重するのか否かをめぐる列強間対立の末に勃発したことを考えれば、梁啓超には確かに先見の明がある。そして中国は、第二次大戦の結果として中国が連合国の一員＝国連常任理事国となり（なお漢語では、国連は「聯合国」である。したがって中国には、第二次大戦の枠組みがそのまま続いているという認識がまずある）、日本がその秩序の下で永遠に侵略・敗戦国であり続けるという論理を掲げる。

†悪い時代は主役を変えてめぐる

しかし筆者の見るところ、梁啓超が正しかった時代は完全に終わった。そもそも中国ナショナリズムの主張が正当性を持ちうるのは、あくまで中国が平穏に統治を実現している範囲に対して他国の支配や制御が及び、それに対して抵抗する限りにおいてである。中国はいま、「日本が《台湾の一部分である》釣魚島を返還しないのはポツダム宣言違反である。それは反ファシズム戦争の偉大な成果を否定するものであり、世界平和の敵である」と称して、あらゆる強硬な主張をしている。それを日本が受け容れれば、中国は日本を温かく抱擁し、中国が主導する新秩序の下で多大な恩恵が日本にももたらされるのであり、そのために日本がまず知恵を絞るべきだと主張する。しかし、それは戦前の日本がかつて中国を圧迫した論法と同じである。

　しかも、「後発国であっても強大化すれば、圧倒的なパワーとして台頭し勝利しうる。だからこそ《自強》《富強》に努めよ」という世界観は、日本では否定されて久しい。ところが、清末以来その刺激を受けた中国では、まさに「戦勝国」であるがゆえに、このような発想が否定される機会は全くなく続いている。《大国崛起》あるいは《世界民族の林の中で屹立する》という表現が、何の後ろめたさもなく中国の党・国家文書やメディアに躍るのは、結局のところ日中両国が何も歴史的経験を共有していない（中国は一切共有するつもりがない）ことを意味している。

　とはいえ、世界各国・各地域の歴史がともに示すのは、自己の立ち位置に不安を覚える政治・社会ほど、なりふり構わず自らの生き残りを目指す余り、あらゆる「強さ」に訴えようとすることである。今の中国のあり方も、そのような状況が一〇〇年近く続いて来た結果に過ぎない。とりわけ、袁世凱による「二一ヶ条」受諾の前後から、このような方向が強まることになってしまった。

†雑誌『新青年』と新文化運動

しかし、民国以後今日に至る歴史がすべてそのような、内憂外患をはねのけるために剝き出しの強大化を肯定するような発想に満たされているわけではない。むしろ、人間一人一人の智識の向上によって開かれた社会をつくり、全く新しい人間関係を構築することにより、中国が抱えるさまざまな問題を解決し、世界とともに共存してゆこうとする、至極当然な考え方の影響もそれなりにある。

独裁による腐敗の度を強める袁世凱や軍閥割拠の現状を目の当たりにした民国期の知識人が当初選択しようとしたのは、むしろこのようなものであった。そこで、北京大学を中心とした知識人たちが、日本や米国などから得た知的刺激をもとに、一九一五年に雑誌『新青年』を創刊し、「サイエンスとデモクラシー（賽先生・徳先生）」というスローガンのもと、またたく間に多くの読者を獲得した。この、『新青年』を中心として巻き起こった啓蒙運動は、**新文化運動**と呼ばれる。とくに創刊の中心人物・陳独秀は、清末以来何度も日本に留学するかたわら排満革命の地下活動にかかわり、とくに早稲田大学で西洋の政治社会を学ぶなど、典型的な「日本経由の西洋近代で武装したナショナリスト」である。

青年エリートのみるところ、そもそも当時の中国に最も欠けていたのは、冷静に社会の現実を見つめ、各自がその改善のために智識を開き尽力しようとする地道な努力そのものである。魯迅が『阿Q正伝』で痛罵したように、儒学的な価値観は自らの問題点が何処にあるのかを決して見つめようとせず、自らの「正しさ」に安住して他者に責任を押しつける傾向がある（魯迅はそれを「精神勝利法」と名付けた。ちなみに「Q」という名前の由来は諸説あるようだが、筆者は魯迅の主張に即して、孔子＝孔丘の「丘《チウ》」であると信じて疑わない）。しかし、それは結局のところ、既存の秩序と価値を守るだけの沈滞した社会しか生まない。問題が抜き差しならないところに至って突然排外の声を上げても時遅しである。したがって、国家・社会・個人の衰退を招きながら、うわべだけの「礼」＝上下関係の遵守に安住する儒学こそ、「人食いの礼教（吃人的礼教）」である。

そこで陳独秀は「私の愛国主義」と題する文章の中で、対外的危機が起こったときに突然「愛国」の名の下に急進的な行動や言論に走るのは本当の愛国とは言えず、むしろ見せかけで不十分な愛国に過ぎないと説き、真の愛国とは常日頃から社会の地道な改良に心を砕くことにほかならないとした。だからこそ「サイエンス」がまず必要だという。

†改良主義の時代、そして現代漢語の誕生

では、「サイエンス」を定着させ、長期的に「デモクラシー」を定着させるためにはどうすれば良いか。そこで大いに健筆を振るったのが、米国でプラグマティズム（実用主義）を学んだ胡適である。胡適の師であるデューイは、次第に社会を改良することによって個人の智識・能力を高め、それがさらに社会全体に還元されるという考え方を提示したが、胡適がそれを中国社会に適用したときにまず問題にしたのは、漢語のありかたそのものであった。

従来の漢語は、口語と文語の隔たりが余りにも大きかった。今日の標準語である「普通話」のベースとなっている北京語は既に清代に出来上がっており、それを文章にした「白話文」も非公式な記録や文学で部分的に用いられていた。このほか各地でさまざまな口語が用いられていたが、それぞれの文法と発音の違いは極めて大きい。この落差を穴埋めしていたのが、古代の行政文書から出発した正式な漢文である。漢文は、字を見ればその瞬間に方言の違いを乗り越えうる。しかし文体は余りにも口語と異なるため、一般庶民には学びづらい。既に清末の頃から、和製漢語の導入と合わせて少しずつ文体が変容を始めていたものの、それでも文語と口語の違いは余りにも大きく、教育と知的水準の向上を妨げ、共通の国民意識をつくるにあたって大きな障害であると見なされつつあった。

そこで胡適は、様々な社会改良の第一歩として『文学改良芻議』を著し、文体を白話文に改めることで、言文一致と国語教育を推し進めるよう提唱した。この結果、現代中国語の基本的な姿が急速に整えられていった。

またこれ以後、複雑すぎる文字の簡略化が志向されはじめた。今日中華人民共和国で用いられ、シンガポールなどでも普及している**簡体字**は、民国期に研究が始まっている。しかし、のちに台湾に逃れた中華民国は、中華の正統にこだわり、文化破壊的な共産党との違いを示す立場から簡体字を拒否し、書き言葉においても良く言えば典雅な、悪くいえば難解な文体を維持して今日に至っている。近年、日本の公共交通機関および観光施設の掲示においては、来日した漢語圏の人々のために漢語が併記されているが、簡体字と正字(中国はそれを繁体字と呼び、日本では旧字体と呼ぶ。画数が少ない方がより近代的で分かりやすいという二〇世紀的な言語観のあらわれである)の表示では、微妙に表現が異なるのはこのためである。

†「問題と主義」……急進革命のうごめき

このように『新青年』は、長年にわたり儒学的上下関係にともなう弊害に陥って来た中国文明を徹底的に批判し、啓蒙と改良による全く新しい社会をつくろうとした。しかし、その地道な試みは、早くも大きな曲がり角にさしかかってしまった。一九一七年・ロシア革命の発生と、一九一九年・パリ講和会議がその節目である。

ロシア革命が実現しようとした社会主義・共産主義社会のありようについては次章で述べるが、これは何よりも広く国境の垣根を超えて、全世界レベルではびこる《持てる者と持たざる者の格差》を打破しようとするものである。したがって、かねてから帝国主義列強によって圧迫され、国内も低迷し、「文明」の誇りを傷つけられてきた中国にとって、これはとてつもない福音でありうる。そこで陳独秀や、同じく早稲田大学出身の李大釗《しょう》は、ロシア革命が掲げるマルクス・レーニン主義に急速に傾倒してゆき、誌面全体におけるマルクス・レーニン主義の比重が増していった。

これに対し、胡適を中心とした社会改良派は猛然と反発した。中国に山積する問題を打開するためには、大上段からイデオロギー（主義）を掲げても決して有効ではないからである。むしろ、イデオロギーを独占する側による新たな強権が始まらないという保証はない。

しかし、陳独秀や李大釗は頑として譲らなかった。社会的な問題を解決して行くためには、個別の問題に対応すると同時に、エリートや民衆をひとつにまとめるためのイデオロギー的な核がなければならないと考えたからである。加えて、一九一九年のパリ講和会議でも、日本が要求する山東半島利権を取り返せなかった結果、屈辱的な弱さを招いた中国社会の全面変革を求める学生運動が巻き起こり、日本に対して宥和的と見なされた北京政府の高官が襲撃されるなど「愛国無罪」の嵐も吹き荒れた(**五四運動**)。このようなナショナリズムの高まりと社会変革の叫びを結びつけ、中国を取り巻く現状を根本から打破するためにも、今こそエリートが新しいイデオロギーで武装するべきだというのである。

陳・李と胡のあいだで展開されたこの論争を「問題と主義」論争という。この結果、『新青年』と新文化運動は分裂・解体の方向をたどった。胡適のような漸進的な改良志向は、その後も中国社会で一定の座を占め続けるが、政治の主導権はあくまで「主義」の側に握られるようになる。

第五章

社会主義という苦痛

†ソ連に学ぶ中国国民党

一九二〇年前後以後の近現代中国史は、「主義」が全開して猛威を振るう時代となる。

そういえば、漢人の民族革命を志した孫文らの流れも、ロシア革命に大いに刺激された。新生ソ連は「弱小民族を帝国主義のくびきから解放し、世界人民の平等な大連帯を実現するためには、まず何よりも中国人民への連帯を示すことが必要だ」と考え、ロシアが中国に有していた多くの権益を手放す「カラハン宣言」を発した（実際には、シベリア鉄道を短絡してウラジオストクに至る、ロシア→ソ連の国防上死活的に重要な東清鉄道は手放さなかった）。この動きに感激した孫文は、今こそ中国がソ連と呼応して弱小民族から脱する好機ととらえ、一九一九年に自らが率いる中華革命党を改組し、**中国国民党**を発足させた。

中国国民党は、軍閥政治を打破して強力な中央政府を設立することこそ、中国を再興する第一歩だと考えた。そこで、日本軍事留学帰りの有能な側近として台頭した**蔣介石**の指導のもと「黄埔《こうほ》軍官学校」を設立し、日本陸軍そのままの極めて厳しい軍規で統一された、革命の大義のための死を厭わない軍隊＝国民革命軍をつくろうとした。そして、国民革命軍は国家ではなく国民党に従い、党・軍が一体化した国民党が国家全体を指導しようとした。

この体制を強く固めるためには、単に国民党が国家と社会の上に君臨するだけでは不可である。行政組織や教育機構をはじめ、政治・社会のあらゆる部局・場面に**党細胞**（党部）をはりめぐらせ、末端の様々な問題をすみやかに中央に吸い上げるいっぽう、いったん党中央が正しい決定をしたならば、それをすみやかに末端の党細胞まで行き渡らせ、党細胞がさらに個々の国民に周知徹底させなければならない。そうすれば、国家はあたかも一人の人間の脳髄と末端細胞が一致結束しているかのように、あらゆる危機にも自在に対応できる。

また国民党は、単に国家を危機から救うだけでなく、個々の人民に自由と豊かさをもたらすためにも、このような体制は必要であると考えた。なぜなら、内外の情勢が混沌としている社会では、いたずらに人民に自由を与えても、逆に誰も国家と社会が進むべき方向を理解できず、

毛沢東思想を高く掲げ前進する革命人民のイメージ。

混乱が起こってしまうからである。そこで、まずは混乱を軍事的に鎮圧したのち（軍政）、国家の進むべき方向・大義を先に理解したエリート（**先知先覚**）が、それを十分に理解していない民衆（**後知後覚**）を上から導き（**訓政**）、やがて民衆が自由で民主的な政治を担いうるところまで成長すれば、初めて競争的な政治体制（憲政）に移行すれば良い。そのあかつきには「立憲」と「富強」という、大国として生き残るための条件も揃っている。

こうして国民党は、自由で民主的な体制を実現するために、当面は軍事力と党の組織力によって国民をがんじがらめにするという、実に矛盾した政治体制をつくろうとした。そして一九二五年には国民政府の樹立を宣言し、軍閥や政敵を武力で打倒しようとした。

†自由のための専制……マルクス主義とは何か

中国国民党が採用したこのような政治体制を、政治学用語でレーニン主義体制という。自由のための専制。それは甚だしい矛盾であるかも知れない。しかしたとえば、西洋の社会契約論のひとつであるホッブズの議論は、社会的混乱から抜け出すために、人々が当面自らの権利の一部分を有能な指導者に差し出し、権力の側がその目的の範囲内で専制または強権支配を行うことを認めている。また、先に紹介した清末の大知識人・梁啓超も、国家が巨大で混乱し、内外に問題が山積するならば、開明的な専制権力こそ最も必要であると説く。人民の自由な発展のために権力の野放図さに制限が加えられ、権力があくまで人民一人一人のために機能するよう求める立憲主義の発想は、まずは貧困や混乱を脱出してから、ということになる。

万人が平等な共産主義社会を目指すマルクス主義は、近代史においてこのような発想を最も強く打ち出した思想のひとつである。これを、二〇世紀前後の帝国主義列強ひしめく時代に適用したのがレーニン主義である。中国国民党は、資本主義政党ながらも、レーニン主義の組織論に強く共鳴した。そして、中国国民党のライバルとなる中国共産党も、マルクス主義の立場から当然のようにレーニン主義的に染まった。そこで、二〇世紀の中国社会を極めて強烈に性格づけることになるレーニン主義の形成を、マルクス主義の成立にさかのぼって概観したい。

†歴史は生産から生まれる

英国の産業革命に象徴される資本主義の発展を研究した経済学者のマルクスと、彼の友人であるエンゲルスは、資本主義によって生み出される持てる者と持たざる者の格差と、それによって生み出される様々な悲劇を解消するために、マルクス主義を創始した。総じて、貧困問題をはじめさまざまな格差・搾取を解消するために生まれた思想を社会主義と呼ぶが、とくにマルクス主義の特徴を分かりやすく示すと、以下の通りである。

(一)人類の歴史は総じて原始社会→奴隷制→封建制→資本主義というかたちで発展し、経済のありかたが変われば政治も変わる。これが歴史への「科学的」な認識である。

(二)それは同時に、人類社会は総じてまっすぐ進歩するという歴史観である(**進歩史観**)。これを身につけ理解した人間が合理的に判断することで、正確に経済と社会を導きうる。

(三)経済と社会が変革して、それに対応した新しい政治と文化が生まれるとき、その原動力になるのは古い体制の側ではなく、新しい経済の担い手として生み出された人々である。なぜこのように言えるのか。そもそも人間社会の原動力は、働いて生産する経済活動そのものにあるという(下部構造)。その方法が次第に複雑になれば、それに応じて文化・政治(上部構造)も自ずと変わることになる。古代の簡素な狩猟をなりわいとする人々には、それ相応の部族社会があり、灌漑農業が始まれば、それ相応の古代国家が生まれ、農業生産と手工業が発展すれば、それらを囲い込む絶対王権が生まれた。このような世界史の流れが頭に入っていれば、人類社会はモノの生産と経済の変革を原動力としており（唯物史観）、決して特定の英雄や宗教などを原動力としているのではないことは明らかではないか（無神論）。

やがて、より優れた技術の担い手が生まれて産業革命が起こり、競争の勝者が市場を寡占・独占してゆくようになる。これを「集積」という。また、国家は産業の発展によって税収で潤うようになり、資本の側がより拡大再生産しやすいように国内環境をととのえる。こうして出来上がったのが近代資本主義国家であると説く。

†無産階級＝プロレタリアの歴史的役割とは？

しかし「集積」と資本主義国家は、放っておけば尽きることなき悲劇を生む。なぜなら、競争に敗れて集積に失敗した側は容赦なく転落するし、そもそも技術がないために自ら集積できない人々＝**無産階級**（プロレタリア）は、資本の側に対して肉体労働を提供するしかないためである。近代資本主義国家が技術力と軍事力を誇り強大になるほど、持たざる者は資本と国家権力の野放図な力の前に放り出されることになる。

とはいえ、資本家に労働力を提供する無産階級は、やがて高い技術力と経営能力を身につけ、資本家や国家なしでも新しい社会をつくる能力を手にする。ならば、**労働者が武装して起ち上がり権力を握ることにより、既に役目を終えた資本家ならびに資本主義国家を葬り去れば良い**ではないか。

労働者を救おうとする社会運動・労働運動の中には、資本家や国家権力と妥協し、譲歩を引き出せば良いとするものもある。あるいは、資本の側が優秀な労働者を抱え込もうとしたり、国家の側が豊富な税収をもとに福祉国家化することにより、労働者自身が「労働貴族」になるという傾向もある。しかし、これらが上手く行くと考えるのは空想に過ぎない、とマルクス主義は考える。なぜなら、無産階級＝労働者はすでに、自ら国家と社会を担いうる能力を持つからである。その能力を自ら発揮して社会の主人公となろうとしないのは、それこそ歴史の発展の針を逆に戻すようなものであり、科学的な認識ではない。労働者が社会の主人公となる勢いは最早止めようがないのである。

そこでマルクスとエンゲルスは『共産党宣言』を著し、「万国のプロレタリア（無産階級）、団結せよ！」と叫んだ。

†帝国主義時代におけるマルクス主義……レーニンの世界革命構想

この考え方を、一九世紀末以後の世界情勢に当てはめたのがレーニンである。世界初の労働者の国家であるパリ＝コミューンの試み（一八七一年）は当面挫折し、資本主義的発展の中心である西欧や米国においては、集積がさらなる独占や寡占を産み、格差が深刻になったばかりか、社会主義者も社会民主主義という名の妥協を繰り返していた。いっぽう資本の拡大の論理が、軍事国家と結びついて帝国主義となり、世界レベルでの激しい植民地獲得競争を繰り広げ、列強どうしの正面衝突を招いていた。国内における格差・搾取と、帝国主義国と植民地の格差・搾取はコインの表裏である。この結果、帝国主義本国の労働者と植民地の労働者は、ともに帝国主義の圧迫にあえぐという点で共通の運命で結ばれる。だからこそ、世界レベルで同時革命を達成し、労働者の世界連邦を樹立すれば良いではないか。

もっとも、問題はここからである。マルクスの見立てによれば、この動きはまず、資本主義が高度に発展し、したがって労働者の能力や自覚も成熟した、西欧や米国といった国家において起こるはずである。しかし現実には、これらの国家では福祉国家化が進み、労働運動も社会民主主義が主流となってしまった。レーニンのみるところ、今や帝国主義による諸問題が最も集中的にあらわれ、《解放》を求める労働者の叫びが最も高まっているのは、帝国主義でありながらも専制国家的であるロシアのような国である。そこでまずロシアで世界革命の狼煙《のろし》を上げ、労働者の平等な連邦を樹立すれば、瞬く間に諸国へと連鎖反応が起こるはずではないか。

とはいえ、新たなる労働者の連邦は、ロシアの内部、そして他のより強大な帝国主義国からの攻撃にさらされる。それをはねのけるためにも、**労働者と革命兵士の合議体＝ソヴィエト**を原動力とする連邦、すなわちソ連邦においては、世界革命を指導する核として**ソ連共産党**と**コミンテルン**（共産主義インターナショナル）を組織し、下からの民主的な意見集約と、党中央における決定のすみやかな徹底を高度に結びつける**民主集中制**が必要だということになる。こうして、ソ連共産党が自ら**「党の軍隊」**を保有し、連邦政府の中枢から社会の末端に至るまであらゆるところに党細胞を張りめぐらせるシステムが出来上がった。これがレーニン主義の国家体制である。

中国国民党は、列強に圧迫された弱小国家と連帯しようとするソ連・レーニンの世界戦略には共鳴しつつも、「労働者の国家」については拒否した。そして、労働者革命の組織としてではなく民族革命の組織として、ソ連共産党の組織原理をコピーした。

†中国共産党の誕生

いっぽう中国国民党とは異なり、マルクスやレーニンが説いた通りに中国を帝国主義の圧迫から解き放ち、ソ連邦をはじめ全世界の労働者と連帯しようとする政党が、上海の小さな煉瓦づくりの建物にて一九二一年七月一日に発足し、わずかな人数で第一回党大会を開催した。これが中国共産党である。

中国共産党の創始者は、『新青年』の中心人物であった陳独秀・李大釗である。既に前章でみた通り、社会改良から出発した新文化運動は時局の風雲の中で分裂し、陳独秀や李大釗らは、様々な社会問題を解決して中国全体を救うためにも、マルクス・レーニン主義のイデオロギーで団結したエリートの力を信じた。社会主義・共産主義……といった諸概念が和製漢語であるように、彼らがこの思想を受容したのはあくまで日本経由であったが、弱小に陥った中国の現状こそマルクス・レーニン主義を実践するのにふさわしいと考えた。

しかし、発足したばかりの中共は、様々な意味において矛盾と困難を抱えていた。少なくとも中共の党員数そのものは、二〇世紀の日本においてマルクス主義が知識人の教養として大きな影響を及ぼしたのと同じように、順調に増えていった。そもそも儒学の影響が非常に強い環境においては、超越を否定して現世の改良（経世）をもっぱらとする士大夫の役割、そして士大夫が下々の民衆を思いやる「民本」という発想が強く意識される。だからこそ、生産と経済から全てを論じ、苦しみにあえぐ民衆を救い導こうとするマルクス主義は非常に馴染みやすかった（それこそが、中国・朝鮮半島・日本・ベトナムなど漢字文化圏においてマルクス主義思想が浸透し、今日でも共産党と名乗る政党が残る一因である。ベトナムのホー・チ・ミンも儒学者の息子であった）。

†国民党と共産党の近親憎悪

しかし中共は、だからこそ弾圧に遭遇した。中央から末端まで、国家と社会のあらゆる部分に細胞を張りめぐらせようとする組織は、国民党と完全に競合する。国民党は軍閥と対抗することになるが、これに加えて共産党は資本家や地主とも衝突する。そこで中共は、基本的に地下活動を通じて各地の労働運動を焚きつける役回りを続けることになった。

もっとも国民党は、孫文自身がソ連に傾いたことから、一九二四年には「連ソ容共」政策を打ち出し、共産党員が共産党籍を保ったまま国民党に加入することを認めた。これを第一次国共合作という。当面の最大の敵は中国を圧迫する外国と、中国国内で権力の集中を妨げる軍閥であり、両者との闘いという点で目的を同じくする共産党員の協力を仰ごうという判断である。しかし、国民党の中でも軍事を握っていた蔣介石は、共産党が国民党と極めて似た組織であり競合することを見抜いており、翌年の孫文の死をきっかけに共産党員への圧迫を強め、一九二七年の上海クーデタを境として全面弾圧に踏み切った。

国民革命軍のうち、共産党系の軍人はこのような蔣介石の手のひら返しに反発し、一九二七年八月一日に江西省都の南昌で武装反乱を起こした。この事件は今日の中共から見て「南昌起義」と呼ばれ（起義とは、革命に成功した側が武装反乱を正当化するために呼ぶ表現である）、この日は共産党の軍隊である人民解放軍の創建記念日とされている。人民解放軍のシンボルマークとして、星の中に「八一」と書かれているのはこのためである。

†追われる共産党

蔣介石は、北伐と呼ばれる作戦によって次々と軍閥を破り、南京に拠点を移した国民政府はやがて押しも押されぬ中国の中央政府となった。蔣介石はその勢いで、中国の国権が統一されて弱小国家を脱しつつあることを全世界に認めさせようとした。この流れに対して、満鉄(南満洲鉄道)など多大な権益を有する日本の側には強い警戒感が生じ、一九三一年の満洲事変、翌三二年の満洲国成立、さらには華北方面への影響力拡大が続いた。だからこそ蔣介石は、日本を排除するための前提として国内の一致結束(安内攘外=内を安んじて外をはらう)を強調し、当面共産党を最大の敵とした。そして、断固として党中央=蔣介石を守るという信念を全国民に植え付けるため、ナチス・ドイツのプロパガンダに傾倒し、「国家のために生活する」ことを旨とする「新生活運動」を起こした。

これに対し、追われる共産党の立場は混迷を極めた。

社会主義革命はマルクスのみるところ、資本主義が高度に発達し、労働者が自律的に生産を担いうるほどに訓練された条件のもとで起こる。しかし中国では、工業といえば対外的な貿易港の周辺に僅かにあるのみで、資本家と国家を打倒して全く新しい社会を担いうるような理想的な労働者などほとんど見当たらない。地下に追われた中共が、蔣介石が握る国民革命軍、そして一応蔣介石に忠誠を誓った軍閥に対してどれほど武装反乱に打って出ても、吹けば飛ぶような敗北しか残らない。

いっぽう、共産党は共産党である以上、いち早く社会主義革命を実現したソ連、とりわけ世界各国の共産党を指導するコミンテルンの指揮命令を聴かなければならない。一九二〇年代半ば以後のソ連は、レーニンの予想通りに世界各地へと革命が波及して行かないことから、スターリンの指導のもと「一国社会主義」と呼ばれる秩序を作りつつあった。しかし、だからこそソ連は国際的なソ連包囲網には敏感であり、各国共産党にはコミンテルンの圧倒的な影響力を通じて、無謀な武装蜂起などの指示をしていた。とりわけ中国については、モスクワ帰りの忠実な党幹部を使って、勝ち目のない武装反乱に打って出させ、その都度国民党から大きな打撃を受けていた。

だからこそ蔣介石の「安内攘外」の叫びも強まらざるを得なかった。共産党の一部は、権力の中枢から遠く離れた江西省南部の険しい山岳地域に逃れ、革命根拠地を建設して農民を動員することで生き延びていたが（中華ソヴィエト共和国）、蔣介石はここを包囲して最終的に撃破し（一九三四年）、共産党を悲惨な逃避行へと追いやった。共産党はそれを「長征」と呼んで美化するが、実際には一〇万の兵力が五分の一以下に激減する敗残の連続であった。

†毛沢東と「新しき村」

このような中共を延命させ、しかし同時に中共の運命を大きく狂わせて行ったのが、かの**毛沢東**である。

日清戦争の前年・一八九三年に、湖南省都・長沙に近い湘潭県の地主の息子として生まれた毛沢東は、当時としてはごく普通に儒学の私塾から学問の道に入ったが、多感な年頃に清末の荒波に直面した。毛沢東は、梁啓超など日本に亡命した知識人が盛んに紹介した諸議論に憧れ、やがて長沙の湖南第一師範学校に入学した。毛沢東もまさに、日本経由の近代を実践しようとする青年の一人であった。

そんな毛沢東は当然のように『新青年』と出会い、熱烈な読者となる一方、さらなる勉学の志に燃えて北京に至り、北京大学図書館の司書となる。そこで毛は、のちの人生を決める決定的な出会いをした。雑誌『新青年』にて、日本帰りの北京大学教授・周作人（魯迅の弟）が執筆した「日本の新村」という文章を目にして、これこそが中国の農村を救うと確信した。

「日本の新村」とは、白樺派の作家・武者小路実篤が創始した「**新しき村**」を指す。ありとあらゆる社会問題の解決と博愛心にあふれる人間関係のためには、誰もが財産を放棄して共有財産とし、そのうえで自発的かつ平等な集団労働にいそしみ、その収穫を平等に分け合うことを主旨としており、はじめは宮崎県の山中に設置され、のち埼玉県に移転して今日に至っている。毛沢東は地主の息子ではあるが、同じ村の中に豊かな者と貧しい者の格差があることに心を痛めており、貧しい者が救われてこそ中国の「自強」も実現すると考えた。

そこで毛沢東が周作人を訪ねると、より体系的な社会変革の方法として『共産党宣言』の一読を勧められた。こうして毛沢東は、近代日本的な博愛主義から出発して、マルクス・レーニン主義の道に没頭していった。そして共産党の創建大会に、湖南省代表として出席する栄誉を手にしたのである。

†なぜ農村革命か？

しかし毛沢東は、師範学校卒として北京大学の司書となったにとどまる。士大夫の伝統そのままに学歴が大きな意味を持つのは共産党といえども変わらない中、毛は北京大学出身者や日本・欧米留学経験者、そしてモスクワ政治留学組と比べて冷遇され、そのこと自体が毛沢東のプライドに火をつけた。毛沢東のみるところ、そもそも党中央やコミンテルンの路線は中国社会の現状からかけ離れた無理難題であり、むしろ自らの側にこそ中国革命成功の手がかりがあるとみていた。これこそ**農村革命論**にほかならない。

前述の通り、中国社会にはマルクスが想定したような分厚く優秀な労働者の層がない。しかしロシアでは、優秀な労働者が西欧諸国ほどおらず、資本主義の発展度も決して高くないにもかかわらず、むしろ内外の不安定が極限に達したからこそ、労働者・兵士が起ち上がり、自らを《解放》できた。ならば、ロシア以上に帝国主義列強と軍閥・地主の圧迫がある中国では、農民こそ《解放》の担い手となるのではなかろうか。しかし彼らは長年来、士大夫が我が物顔で振る舞う社会にあって、十分な学問も知識もなく、マルクス主義やレーニン主義の何たるかを理解しようがない。そこで共産党員は農民たちの中に分け入り、農村の実情に応じた革命戦略を描いて動員しなければならない。そのようであってこそエリートは、かつてのような農民から遊離した士大夫ではなく、農民と完全に利害をともにする存在として生まれ変わることが出来るのではないか。

こう考えた毛沢東は、湖南省に帰郷すると「農民協会」を組織し、農民に武装させて地主を屈服させた。この「湖南農民運動」モデルを全国へと拡大すれば、まさに小さな火種が大地に燃え広がって行くように（星星之火、可以燎原）、中国全土を《解放》できるだろう。

その様子を、毛沢東は次のように記す。

農民の主な攻撃目標は土豪劣紳・不法地主・及び各種の宗法思想制度・都市の悪徳官

吏・農村の悪劣な習慣である。この攻撃の勢いは率直に言って突然の暴風雨のようなものであり、従う者は生き残り、違う者は滅ぶ。その結果、数千年の封建地主の特権は、水に落ちた花が流れて行くように空しいものとなった。地主の面子もことごとく崩れ去ったのである。

もちろんこのようなやり方は、社会変革にしては粗暴きわまりない。しかし毛沢東は断固として批判を受け容れない。

およそ反抗が凄まじく、乱が大いに沸き起こっている場所は、すべて土豪劣紳・不法地主の悪がはなはだしい場所である。……革命とは、客を招いて会食をしたり、文章を書き連ねたり、絵画や刺繡で飾り立てたりといった、優雅・従容・温厚・謙譲なものではない。革命とは暴動であり、ひとつの階級が別の階級を転覆する暴烈な行動である！

中国社会には、別に高度な資本主義や訓練された労働者がいなくとも、既存の生産関係や政治社会に縛られるのを拒み、徹底した変革を求める農民がひしめいている以上、まさに農民が主体となる革命をして何が悪いというのか。党中央やコミンテルンこそ、中国革命を取り巻く現実に暗い。だからこそ、都市の労働者による武装蜂起にこだわるあまり、蔣介石の敵意をあおり、せっかくの農村根拠地を失ってしまった。のみならず、最大の敵である日本帝国主義を前にして、国内が一致団結するきっかけをも失ったのである。

毛沢東のこのような叫びは、一九三四年から三五年にかけての逃避行＝「長征」の途上、それまでの党中央・コミンテルンの指導の誤りを総括する中で全面的な支持を得られるようになった（遵義会議）。そして、命からがら黄土高原の革命根拠地・延安にたどり着いた毛沢東は、蔣介石に対して「安内攘外」政策の放棄と一致団結した抗日を迫った。具体的には、共産党の大幹部の一人・周恩来と、父親・張作霖が日本によって爆殺された東北軍閥の張学良が通謀して、西安に来た蔣介石を幽閉したのである（西安事件）。

こうして蔣介石は第二次国共合作に同意し、共産党の軍隊は国民革命軍第八路軍（通称・八路軍）として後方でのゲリラ戦に徹することになった。この結果、国民革命軍の主力は日本との正面衝突で消耗するいっぽう、共産党は延安を拠点として体力を温存し、挙国一致の抗日を実現させた原動力として一躍注目を集めるようになった。

†毛沢東独裁の悲劇

農民を焚きつけて、天下に一気に打って出る。これは単に伝統的な王朝末期の農民反乱ではなく、湖南農民運動以来の毛沢東の実践でもあった。したがってこれ以後一九八〇年代まで、中共の歴史観においては徹頭徹尾、**農民運動こそ中国における歴史の原動力**とされた。前近代にさかのぼって、農民が過酷な税や地主の圧迫にたえかねて暴発する動きが「生産力の発展による古い生産関係の打破・新しい生産関係の構築と、それによる上部構造=政治・文化の全面変革」になぞらえられた。

しかし現実の中国文明の歴史において、農民反乱が全く新しい生産関係と政治社会を生み出したことはない。農民は独立性が高い「**小農**」であり、個人の才覚によって富農、さらには士大夫になってゆくこともあれば、借金を重ねて貧農に転落することもある。天変地異に対して、農民としての階級的な連帯は乏しく脆い。その代わりに人々を結びつけたのは、あくまで親族・友人・同郷のネットワークであり、極限状態において人々を慰める宗教の力であった(だからこそ農民反乱は多くの場合、宗教反乱でもあったことに注意されたい)。

そこで、このネットワークを維持するために極めて好都合な上下関係が再生産された。それはまた、権力を握る者が行使する上下関係とも表裏一体である。だからこそ、上も下もこぞって、儒学的な「礼」の政治に深い疑問を抱くことなく、むしろ安住してきた。農民反乱が成功すれば「天命」が降ったと見なし、束の間の繁栄が訪れるが、統治の乱れや天変地異によって再び社会は脆弱になり、大混乱を経て同じような体制が生まれ、一からやり直しとなる。まことに、中国文明の歴史はマルクスが描いたような、「生産関係の行き詰まり↓下からの突破↓上の変革↓生産の発展↓行き詰まり……」という直線的発展の構図にはなじまない。むしろ、絶対的な循環によって表現される（たとえば金観濤・劉青峰『中国社会の超安定システム』が描くとおりである）。

しかしその事実を、マルクス主義に染まったナショナリストが認めることは断じて出来ないし、そのつもりもなかった。中国は既に列強、とりわけ日本に圧迫され、屈辱的な弱さの極みに至った。その最大の原因は、数千年来猛威を振るい、社会の変革を妨げてきた「人食いの礼教」にある。だからこそこの循環を断ち切らなければ、中国は新しい世界における普遍的な存在になり得ないし、激しく変わりゆく世界において「異端」のまま取り残されてしまう。

今や、沸き上がる抗日のエネルギーと農民のエネルギーを高度に結びつけ、旧社会をかなぐり捨て、マルクス主義の普遍的真理が描く歴史観に沿うよう中国を改造するべきではないか。

かくして、毛沢東にとっては、現実に横たわるあらゆる障害をも意志の力で克服する主観能動性、悪くいえば単なる根拠なき思い込みが最も重要になった。

†計画経済とは何か

第二次世界大戦の結果、運命の女神はとりあえず毛沢東に微笑んだかにみえた。

一九四五年、ソ連が日ソ中立条約を破棄して電撃的に南下し、日本影響下の満洲国や蒙疆政権（次章で説明する）が崩壊すると、共産党は巧みに東北地方へと拡大し、日本が残したインフラを活用して国共の力関係を逆転させた。スターリンはもともと国民党・蔣介石と近い関係にあったものの、一九四九年に中華人民共和国が成立し、毛沢東と周恩来が「ソ連一辺倒」と呼ばれる外交政策を打ち出すと、社会主義の連帯という建前もあり、人民共和国の経済建設を支援した。こうして一応、中ソ蜜月の時代となり、毛沢東は一国経済の経営に乗りだした。

しかしそもそも、ソ連が創始し、人民共和国も採用した計画経済というシステム自体、人間の能力と善意をめぐる過剰な思い込みに依存したものであり、根本的な無理があった。

繰り返しになるが、マルクスやエンゲルス、そしてレーニンは、資本主義の高度な発展のもとで十分に経営能力を身につけた労働者が、自らの能力を縛る既存の政治・社会・文化を打ち破るために革命を起こし、全く新しい生産関係の中で自発的な協力をするに違いないと考えた。

その第一歩が、一国内の経済を合理的・集中的に管理し、生産と消費を計画に沿って行うという計画経済と、それを基盤とする社会主義社会である。労働者を指導する党は、レーニン主義的な「民主集中制」のもと、国家と社会のあらゆる場面に党細胞を張りめぐらせている。そこで党中央は、生産の実情を正確に把握し、経済と社会にとって何が必要かを判断し、生産計画を即座に徹底することができる。お互い平等な人民として《解放》された人々は、党を信じて生産にいそしむだけで良い。

こうして、前向きで合理的な秩序が深まるほどに、人間の積極性も限りなく《解放》され、共同体に向けて生み出されるモノと価値は無限にあふれ出る（これを「生産力の解放」という）。やがて人間は「労働に応じた分配」ではなく**「欲求に応じた分配」**を享受するようになる。自由で自発的な生産と連帯のみが存在すれば、人間を縛る国家や制度は不要になるため、**共産党政権すら次第に死滅してゆく**。これが、究極のユートピア・**共産主義社会**の到来である。

繰り返し言う。共産党と社会主義国家は本来、自らを消滅させるために構想された。しかし現実にはそうなっていない。むしろ共産党と社会主義国家は、その存続のためにあらゆる無理難題を国内外に広げてきた。何という矛盾であろうか。マルクスもレーニンも、「国家の死滅」に関しては空想しか語らない。

†人間の積極性を死滅させる計画経済

むしろ高度な資本主義国家で起こったのは、労働者が福祉国家のサービスに浴し、労働組合と社会民主主義政党を介して資本・国家と妥協する「労働貴族化」であった。最も高度な資本主義を実現し、かつて社会主義と共産主義への入口に最も近いと見なされた（西）ドイツがその代表例であるとは皮肉なことである。

いっぽう、東西冷戦の中で出現した東ドイツは、マルクス・レーニンの教えを実践した。その結果、東ドイツはソ連・東欧社会主義圏（コメコン経済圏）において精密工業製品の生産を担い、他の社会主義国と比べれば社会福祉も充実した国家となった。それでも、一九八九年にベルリンの壁が崩壊したときには、西ドイツと比べて極端な経済格差が生じており、その穴埋めは約四半世紀を過ぎたいまでも不十分なままといわれる。

東ドイツですらこのような惨状となったのはなぜか。それはひとえに「人間が合理的な生産計画のもと平等に協力しうる」という人間観そのものが間違っているからである。

一国の経済は余りにも巨大であり、限られた党官僚が全てを把握することはできない。だからこそ市場経済は基本的に「神の見えざる手」に頼りつつ、経済政策で調整する。しかし計画経済の場合、経済の全貌は彼ら党官僚が決定し、許認可権も握る以上、彼らは巨大な利権集団として暴走し始める。こうして**「赤い貴族（ノーメンクラトゥーラ）」**と呼ばれる特権階級が生まれ、「労働者階級の前衛」とうそぶきつつ一般人民から遊離した。

いっぽう一般人民はあくまで計画＝ノルマに従い、共同作業に従事しなければならない。集団の力を高めてノルマを達成し、生産力を高めれば、その結果として国家が決める計画の規模も大きくなる。この繰り返しによって、はじめて全人民的な豊かさが高まってゆく。

それを無視して勝手に生産に励むと、逆に「自分だけが功績を挙げて利潤を得ようとする＝

資本主義・ブルジョア」というレッテルを貼られ、社会的に抹殺される。ならば結局のところ、創意工夫も自発的な努力も止めて、他の怠け者と同じように手を抜いて働けば良い。国家からの給与は平等に分配されるのだから。

こうして、「生産力と人間性が無限に解放され、自発的な協力が社会を覆い尽くす」理想社会は、単なる大勢順応のロボットのような人間で満たされた。資本主義国から参観にやって来た「進歩的知識人」の中には、宣伝用の空間を目にして「社会主義国の正しさ」に歓喜する人々も多々いたものの、中には慧眼にしてこの問題に気づき、愕然とする人々もいた。例えば、フランスの左翼作家・ジイドの『ソヴェト旅行記』(小松清訳・岩波文庫)は次のように言う。

今日ソヴェトで要求されてゐるものは、すべてを受諾する精神であり、順応主義(コンフォルミズム)である。そして人々に強要されてゐるものは、ソヴェトでなされてゐるすべてのものにたいする賛同である。……また他方、ほんの僅かな抗議や批判さへも最高の懲罰をうけてゐるし、それに、直ぐに窒息させられてゐるのである。(八六頁)

†原始的蓄積と農村戸籍という残酷

社会主義国の人々は計画経済という「合理的なシステム」によって窒息させられたのみなら

ず、とりわけソ連・中国のような後発的な農業国家においては、もう一つの過重な負担が農民を襲った。

そもそも工業基盤が弱いということは、マルクスが想定したような《高度に訓練された労働者》すなわち計画経済と社会主義社会の担い手がいないことを意味する。そこで毛沢東は、革命的エネルギーの源を農民に求めたのであるが、実際に計画経済を運営するには知的に訓練された労働者階級が必要であるし、工業が発展してこそ生産力もさらに《解放》される。まず工業を整備しなければ、そもそもマルクスの教えを実践出来ない。

これだけでも既に、マルクスが想定した順序が完全に逆転している。しかしソ連も中国もそれだけでは済まなかった。両国とも国際的な反革命＝社会主義政権潰しに囲まれている以上、国防に意を注がなければならず、そのためには一刻も早く工業力を高めなければならない。しかし、そのための援助は得られない（中国の場合、ソ連からの援助は微々たるものであったし、スターリンからフルシチョフに指導者が変わった一九五〇年代後半になると関係がきしんだ）。

そこで頼るべきは農業となる。農業生産を厳しく管理し、収穫の大部分を国家が吸い上げて工業・労働者のために資金化し、農民には最低限の給与として生産物を割り当てれば良い。これを**「原始的蓄積」**という。

しかし常識的に考えれば、農民は当然反発する。だからこそ、農民をすべて集団農場に帰属させ、「帝国主義に圧迫される極限状態のもと、農民一人一人が計画経済の担い手となって党と国家に貢献し、外敵を排除するための尖兵たれ」と求める宣伝・教育が展開される。これを拒否して逃亡しようとする農民がいれば、反革命として当然のように処断する。あるいは、そもそも**都市戸籍**と**農村戸籍**を分け、農民が勝手に都市に流入しても都市の労働者と同じような分配や福利厚生を得られない＝生存できないようにすれば良い。

こうして、ソ連の農民は**コルホーズ**（集団農場）または**ソフホーズ**（国営農場）へと組織され、中国の農民は「合作社」を経て**「人民公社」**へと組織された。人民公社は単なる農村組織ではなく、農村の自活に必要な「工・農・商・学・兵」が完備した存在として、パリ＝コミューンになぞらえられた組織であり（「公社」はコミューンの訳）、あるいは毛沢東が最初に夢みた「新しき村」の具現でもある。農民は都市生活を欲しなくとも、農村において人間性あふれる共同生活を送りうるのであり、そんな人民公社で無限に生産力が解放されてこそ、国家の富も爆発的に増える……ということである。

†毛沢東独裁と社会の窒息

無理のある政治体制をとれば、当然反発がありうる。しかし毛沢東は既に、彼のリーダーシップが固まった延安時代から、批判の芽を決して許さなかった。

1990年版の50元紙幣。手前から労働者、農民、知識分子。毛はこの三者の溝を解消するための強権をふるって失敗した。

第二次国共合作の実現は、共産党こそ抗日ナショナリズムを前に進める存在であるという評価に結びついた。そこで、文学者や知識人が我先に延安を視察した。しかし、彼らが延安で目にしたのは、「民主集中」といいながら党員による「集中」のみが目立ち、民主的でも何でもない根拠地の姿であった。そこで彼らが批判的な立場をとると、一九四二年頃から毛沢東は徹底的な反撃に打って出た。

多くの所謂知識分子こそ実は最も知識がなく、プロレタリアと農民の知識はしばしば彼ら知識分子よりも豊かであるという真理を、彼ら知識分子は知るべきなのである。知識とは何か？階級社会が生まれて以来、世界の知識には二つしかない。ひとつは生産闘争の知識であり、もうひとつは階級闘争の知識である。（「党の作風を整頓することについて」）

さらに毛沢東は、今日までの中共の文化政策の出発点とされる「延安文芸座談会」においてこう語った。

> 反民族・反科学・反大衆・反共の観点を含む文芸作品には、厳しい批判をおこない排除するという原則を堅持しなければならない。
> いかなる階級社会のいかなる階級においても、常に政治的基準が第一でなければならず、芸術的基準は二次的なものでなければならない。（「延安文芸座談会講話」）

要するに、毛沢東を中心とした共産党の「正しい指導」に従わない存在は、いかなる文学・芸術・言論といえども抹殺されなければならないという決意表明である。そもそも毛沢東が「正しい」政治に徹している以上、批判など起こりようがない。批判をする人間は、人民を食い物にする反動派の影響を受けているに違いない……。

こうして毛沢東は、儒学に代えてマルクス主義の論理によって社会全体の価値を独占し、「マルクス主義的か否か」という基準であらゆる存在を上下づける究極の権力を手に入れた。

人民共和国の建国後、いったんこのような毛沢東のやり方に対する反発が沸き起こった。共産党員は末端に行くほど、無教養な農民ゲリラ出身者に過ぎず、毛沢東の権威と党幹部の特権を振りかざして現状を暴力的に変更しようとする存在であった。原始的蓄積のために強引に進められる農村集団化は、その最たるものである。たとえ毛沢東の抗日カリスマらしさや「平等」「助け合い」という価値に共感できても、現実の共産党への違和感は隠しようがない。

毛沢東から見ても、このような状況を放置しては共産党の権威や統治能力そのものが揺らぎかねない。幹部の腐敗には手を打たなければならない。そこで毛沢東は一九五六年、**「百花斉放・百家争鳴」**を打ち出し、中共への建設的な批判を歓迎した。しかし、批判の噴出に恐れをなした毛沢東は、翌年突如手のひらを返し、「批判歓迎は社会の中に潜む反共産党の毒草をあぶり出すためであった」として**「反右派闘争」**を断行した。

この結果、誰もが恐怖のあまり、毛沢東と中共への批判を避けるようになった。究極の独裁・恐怖政治の完成である。

†大躍進の狂乱……「合理的」なジェノサイド

もはや毛の勢いは止まらない。自らの理想である「新しき村」を実現し、台湾海峡危機から予想される第三次世界大戦での生き残りを図るためにも、農村集団化の総仕上げとしての人民公社化、そして原始的蓄積を急がなければならない。そこで一九五八年から、現実離れした生産計画を打ち上げ、その達成のために農民の《主観能動性》を煽って総動員する「大躍進」政策が過熱した。農民も、毛沢東と共産党に認められようとするあまり、本来の土地の生産力を超えた密耕、さらには山林を伐採して鉄を溶かし粗鋼生産量を飛躍的に高め「工業で米英を追い抜く」ための「土法製鉄」に奔走した。

しかし、そうなると一気に生態環境は荒れる。大躍進開始直後は大豊作となっても、翌年以後は地力の低下によって収穫が減る。農業を脇に置いてくず鉄の塊を作る土法製鉄も農業生産を押し下げたし、木材を燃やすための野放図な山林伐採で洪水が起こりやすくなった。

とはいえ、既に「生産力は飛躍的に解放された」ことになっている。新たに過重な生産計画が課され、それに応じた生産を国家に提供しなければならない。本来の収穫では生産計画を達成できないため、数字をごまかす必要も生じる。

こうして、末端から水増しされた生産高が報告されるほど、国家の計画も大幅に狂う。そして、過重な生産計画を達成できない末端ほど、生産のほとんどを国家に納めることを強いられた。その結果待ち受けていたのは、三〇〇〇万から四〇〇〇万人といわれる膨大な餓死者の発生であった。「合理的な計画」なる空想が生み出した、人類史上空前のジェノサイドである。

これほどの人為的な災厄が起これば、毛沢東の権威にも陰りが生じざるを得ない。そこで毛沢東はいったん国家主席の座を**劉少奇**に譲り、劉少奇や**鄧小平**といった実務家肌の指導者のもと、中国経済は辛うじて破滅から脱した。

とはいえ一九六〇年代には、中国とソ連のあいだのイデオロギー正統争いが過熱し、ついには中ソ冷戦も起こった。米国との対決もある以上、社会的な緊張感は保たなければならない。いっぽう、計画経済の中心にいる党官僚の特権は強まり、大衆と党の距離はますます広がった。これでは結局のところ、本当に貧しい人民大衆を救う社会主義の大義、そして荒れ狂う世界情勢の中で中国全体が団結し生き残りを図ろうとするナショナリズムの大義のいずれも達成できなくなってしまう。

そこで毛沢東は、計画経済を握る党官僚＝実権派から権力を奪還し、人民大衆を改めて《解放》し、本当に世界を徹底的につくりかえなければならないと考えた。そこで、毛の考え方に賛同する若い学生（**紅衛兵**）を焚きつけて、古今未曾有の暴力的な権力闘争の嵐を巻き起こし、従来のあらゆる価値や遺物を破壊しようとした（**破旧立新**）。これが**プロレタリア（無産階級）文化大革命**である。

一連の過程では、単に「実権派」と見なされた人々が凄惨な暴行に遭遇し抹殺されたのみならず、子が親の「反動・反革命」をあげつらって殴り殺すという極限状態も横行した。誰もが恐怖の余り、言われた通りに「批判大会」に出席して「反動分子」に暴言・暴行するよう強いられ、日常生活では言われた通りのノルマを消極的にこなすしかない。

いっぽう、当時は「革命的な生産力の担い手」として宣伝された個人・集団がいた。しかし、これらはあくまで党・国家から援助を受けた宣伝用モデルであったに過ぎない。個人的に努力して目立てば「資産階級」扱いされて糾弾されるだけである。

中国の人々は、一体いかなる価値を信じて生きていったらよいのか、周囲の社会は本当に信頼するに足るものなのか、全く分からなくなった。

毛沢東の文化大革命は、文化が顚倒する大革命であったが、顚倒した後は何ら新しい価値を生まず、凄まじい精神的荒廃が残った（文革を輸入したカンボジアのポル・ポト政権の下でも全く同じ悲劇が起きた。日本の学生運動が毛沢東を崇拝して過激化した結果起こった、連合赤軍による「山岳ベース事件」「あさま山荘事件」の悲劇も、基本的には小さな文革と考えてよい）。**人々が唯一信じられるものは、ただ単にモノとカネのみとなった。**これは文明の死である。改革開放の中国社会が凄まじい拝金主義の社会になる土壌はこうして形成された。

第六章　「中華民族」という幻想

†「国民」を探して

列強が食い合い、進歩できない国が呑み込まれるという、生々しい弱肉強食の世界観。これに直面するなかで近代中国ナショナリズムが産声を上げたとき、二つの根本的な課題があった。その一つは前章までに見た通り、中国を生存させるための政治をどのように選択するのかという問題であった。

しかし絶えざる緊迫の中、「先知先覚」のエリートが大上段から「主義」（イデオロギー）を掲げる余り、いつの間にか「主義」を独占する絶対的な指導者が暴走し、社会全体が食いつぶされた。その後に残されたのは、今となっては半ば信じられないことだが、一人当たりの年間国内総生産が三〇〇ドルに及ばない、世界最貧国としての中国であった。人間性の限りない解放を「科学的に」目指した体制が、最低限の生存すら難しい国家をつくったことになる。

ともあれ、国家運営におけるエリートの失敗・イデオロギーの破滅は、誰の目にも分かりやすく糾弾にさらされやすい。放置すれば、内政の混乱がやがて新たな革命につながるだろう。

かつて、中国文明が「天下」の中心を自任していた頃はそれでも良かった。単に支配者の血筋が天命によって変わるのみで、文明そのものを脅かす存在はいなかったからである。

しかし一九世紀以後の「天下」の現実は、国際法の名の下で平等と称する主権国家どうしが、実際には食うか食われるかの生存競争を繰り広げる混沌そのものである。体制が失敗したのち、隙を狙う別の国が圧迫・侵略した結果、最も守られるべき文明も崩壊するならば、それは現在の人々に対してのみならず、過去の「文明を生んだ祖先」に対しても申し訳がつかない。

したがって、外部からの脅威をはね返し、体制の動揺・混乱をより大きな枠組みで受け止め、文明の崩壊を防ぐための枠組みが必要である。これこそ、中国ナショナリズムにとってもう一つの根本的課題、すなわち「究極のセーフティーネットである《国民》をどのように創るのか」という問題である。国内の誰もが、個別の権力者・政治勢力・利益集団の垣根を超え、「我々は何があろうと同じ中国国民・中国人民」という意識のもと団結できるならば、対外的

チベット人も「祖国・中華」の一員でなければならないことを求める宣伝（チベット自治区・ツェタン県にて）。

にも一体となって生き延びることができる。

†「関係」の哲学

しかし本来、中国文明はこのような「国民づくり」に向いていない。このことが引き起こす問題は既に第三章までに述べたが、改めて「国家の担い手をつくるための人間関係」という視点から考えたい。

中国文明が伝統的に作り出してきたのは、自らの文明が無限に拡散してゆく「天下」である。そこではただ皇帝と、彼を取り巻く官僚・軍人が統治の責任を負う。一般庶民は「由らしむべし、知らしむべからず」という言葉通り、従順に納税しながら、あるべき「礼」の秩序＝上下関係を遵守すれば良かった。もちろん、科挙を受験して合格すれば統治に参加できる。しかし、日本の受験戦争と同様、科挙の合格には莫大な教育資金がかかる。往々にして日常生活にも事欠く庶民のほとんどは、そのような枠組みに参加できない。むしろ政治の世界から距離を置き、自身・家族親族・朋友・信仰などの、柔軟なネットワークの中で安心感を得るのが最も賢明である。

いっぽう対外的には、誰が何と言おうと「華夏」の文明が最も優れている。たまに騎馬民族や倭寇に痛めつけられるとしても、それは彼らの野蛮さの問題である。決して対決すべきライバルではない。むしろ彼らも「礼」＝上下秩序を学んで、我々と同化することで、「大同」の境地を享受するべきである。対内と対外の境目はあいまいであるし、極論すればあいまいであることが望ましい。

このような「天下」の中で生きるならば、その担い手として参加しようという意識を持たなくても良いし、夷狄への対抗意識を燃やして団結しようという努力も、少数の「華夷の別」にこだわる士大夫を除けば生まれない。一人一人の人間は同心円状のネットワークの中心であり、アメンボが無数に戯れているかのように、同心円が無限に重なりあっている。重なった部分を漢語で**「関係」**という。しかしそのそれぞれは全て独立してバラバラであり、重なり方にも濃淡がある。皇帝権力が上下関係の「天下」を描くのに対し、民衆それぞれも自己を中心とする「小さな天下」の主人である。これが、少なくとも一九世紀まで極めて一般的な、中国文明のもとにおける政治社会観・人間関係観のあらわれである（あるいは今日でも、中共のコントロールなき場面における漢人社会の一般的処世術である）。

これに対し満洲人は、排満論やジュンガルといった手強い敵ゆえに、あくまで外来の騎馬民族の武人という自意識を持っていた。しかし一方、彼ら満洲人も儒学的な「天下」論をいちおう受け容れ、漢人がこのような世界観の持ち主でいることを完全に放置していた。

このような状況は、清までの諸帝国が圧倒的な「天下」であったならば何の問題もない。同心円が薄れて消え果てるところは「化外」であり、どうでも良い場所だったのだから。一般民衆にとっても、同心円が描く「関係」が及ばないところは「陌生人《モーションレン》」と呼ばれ、とくに心を配る必要のない存在に過ぎない。

†バラバラな砂

しかし主権国家・国民国家システムの波及は、この文明の強みですらあった融通無碍な社会のありかたに容赦なく改変を迫った。これまでは、政治はあくまでもエリートが担うものであり、民衆のためにするものの（民本という）、民衆のものではなかった。しかしそれでは、民衆一人一人が国家の担い手＝国民であることを自覚し、個人的な「関係」の枠を超えて互いに助け合う国家・社会に対して太刀打ちができない。

「国家が国民・個人のために何をなしうるか」という問いと、「個人が国家と国民のために何をなし得るか」という問いを同時になしうる社会では、議論が常に上下左右に行き交う。その中から、権力の責務と限界、個人の権利と義務が明らかになる。そうなれば、権力は国民の誰からも正当な政府であると認められ、不当な抑圧をすることなしに堂々と政治を行い、世論に是非を問うことができる。国民も、権力から過剰な圧迫を受けるという心配を抱く必要がなく、むしろ責任感を持つ政治を信頼しながら、安心して社会のルールを守り、ルールに守られ、さまざまな価値を追求できる。やがて、価値が限りなく創造されて文化が花開き、それが経済と社会にさらなる活力を与える……。このようなサイクルが続くならば、国家と個人のいずれも大いに富み栄える。これが立憲主義という政治の目的である。……梁啓超をはじめ清末のエリートは、日本における啓蒙思想の展開を通じて、このような事実と論理に気づいていた。

また彼らは、一部の後発国（たとえば一九世紀後半のドイツや、帝国憲法発布前の日本）について、権力の責務と限界、個人の権利と義務がいまだ明確ではないものの、少なくとも教育を通じて国民としての自覚を養い、その能力を大いに発揮させるようにして、めぐりめぐって国家と社会全体が伸びているという現実にも気づいていた。国家が単に軍事を整えて民衆を動員すれば富国強兵が実現する、と考えるのは誤りだ、ということになる。

西洋や日本では、国家と国民のタテの関係、国民個々人をつなぐヨコの関係が巧みに織りなされて結びついている。国民ひとりひとりは弱くとも、国家・社会は強い。いっぽう中国文明のもとでは、個人は竜のように強い。しかし互いをつなぐものは弱くバラバラである。「中国革命の父」とされる孫文は、「中国人はバラバラな砂（一盆の散沙）である」と嘆いた。

†ナショナリズムの核としての「中国」「中国人」の不在

したがって清末のエリートのみるところ、日清戦争によって辛うじて残された範囲（今日の中華人民共和国＋モンゴル国）の中に住む人々を、一刻も早く政治に対して受け身な「天下の臣民」ではなく、政治に参加し国家を担おうとする「国民」へと作り替えなければならない。英・米・仏・独・露（漢語ではそれぞれ英・美・法・徳・俄）、そして日本と対抗する以上、清も同じような国民国家を創らなければならない。

では、もはや「大清の天下」ではなく、一定の範囲＝国境線と領域で区切ったうえで創り出される「国民」は何と呼ばれるべきか。

そこで梁啓超は東京で、「中国」の名で自立し、「中国人」の名において国家の独立と繁栄に責任を負い団結せよ、と訴えた。

この問題は、東シナ海の向こう側から大陸を眺めている日本人には分かりづらいかも知れない。大化の改新以後大和朝廷の号令が広く行き渡り、江戸時代には強固な幕藩体制が成立した日本においては、国民一人一人が政治を担うことを前提としたナショナリズムが明治以後定着する前から、「本朝」と「異国」、「日本」と「唐土・漢土・支那」の違いははっきりしていた。そして、巨大な「唐土・漢土・支那」を意識し、どう対峙するのかを考える中から、日本ナショナリズムの原型が成立したといってよい。そこに西洋式な国家と国民の関係が、他の非西洋諸国と比べれば大きな抵抗なく当てはまったことで、近代的な国民国家も速やかに成立したといえる。

そのような日本の政治社会的環境を基準とすれば、海の向こうでも「中国」という国家が同じように機能しているように見えてしまう。なぜ二〇世紀の初頭という時点で、「中国」と「中国人」を自覚せよという叫びが起こるのか、全く不可思議に思われる読者もおられよう。しかし、中国文明が本質的に「天下」の文明であることを念頭に置くならば、梁啓超の叫びは不可思議ではないし、むしろ計り知れない焦りの産物であることが分かる。

「中国」という名称は本来、黄河の中流で生まれた文明の名前であって、領域の名前ではない。「国家」という漢語は、あくまで無限に拡大する「天下」を担う権力＝国を担う家のことであり、今日この言葉が思い出させるような、限られた領域とそこに住む人々の総和ではない。国家は王朝交替でたびたび亡びても、中国文明が無限に広がってゆくという前提そのものは変わらない。したがって、人々は「天下」があることのみを知り、自分は限られた範囲の「中国」

に住む「中国人」であることを意識する必要は全くない。

もちろん、中国文明の担い手である士大夫は、外国＝夷狄に対する「中国」を常に意識していた。しかしそれすらも、中国文明が現に行われている漠然とした広がり、あるいは当面科挙官僚が地方官として送り込まれている**「中華十八省」**としての広がりである。中国文明の価値と流儀がやがて「天下」全体に広がり、「大同」が実現すると思っていた以上、ライバルの存在を前提にして「中国人よ団結せよ」「中国を防衛せよ」と叫ぶ必要はない。

†中国は国にあらず？

このような「天下」のシステム、並びにそれが生み出す「中国」「中国人」意識の不在をめぐって、戦前の東洋史研究者である内藤湖南や矢野仁一は「中国は国ではない。巨大な文明である」と説いた。

中国文明は、文明としての質は極めて高く、「関係」の無限の重なり合いが社会を動かし文化に活力をもたらす。しかも時代が下るにつれ、「関係」の積み重なりは、さまざまなレベルでの自治（たとえば郷村の自治や、同業団体＝ギルドの自治）を産みだし、それらは上手く機能した。これに対し、権力は徴税と軍事以外に大した働きをしない。現に、人々は国家に頼らずに、それぞれの生業と「関係」を強く維持している。このような中国文明の現実に照らせば、王朝交替や遷都を繰り返す政治権力はレベルが低い存在に過ぎず、実際に外来の勢力（たとえば満洲人）が代わりに入って権力・軍事を担ったところで、中国文明の真価が崩れたことはなかった。したがって、このような中国文明が息づく世界は、近代的な意味での国家ではなく、単に文明が機能する「天下」である。いっぽう、中国文明の影響力は周辺にも及び、日本はとりわけ多大な刺激を受けてきた。したがって、日本が西洋の影響のもと新たな価値を生み出して東洋文明の中心となり、中国の復興を日本が主導することも当然ありうる。とりわけ、今日その安定・防衛のためには、満洲人と同じく外来の力に依存しても何の問題もないばかりか、むしろかつてなく国際情勢が混沌としているため必要でもある。……以上が内藤湖南や矢野仁一の主張の大略である。

しかし、中国文明の内側にいる清末のエリート自身が「これではもう今後の世界を生きていけない」と自覚してしまった以上、「中国は文明であって、国家ではない」という立場に甘んじるわけには行かない。現に日本はまさに「支那を混沌から救い、東亜の平和と共栄を達成するため、今度は日本が政治的に主導する」と称して侵略したではないか。

これこそが、近現代中国ナショナリズムの根源にあるトラウマである。そうではなく、まさに中国文明に生きる人々自身が、欧米や日本と同じように「狭い」自国・自国民を保つために起ち上がらなければ、生存競争の敗者となると気が付いたのである。

†「核心利益」の起源

　では「国家としての中国」はどのようにして描かれ、意識されていったのか。その動きは急激ではあったが、それが可能であったのは、既にある程度の準備・蓄積があったからでもある（中国ナショナリズムの求心力そのものは、世界の他のそれと比べても強い）。筆者のみるところ、その場面で切っても切れない働きをしたのは、第一に満洲人である。

　既に第二章で述べたように、満洲人皇帝は西の強敵ジュンガルと死闘を繰り広げながら、ついにチベット仏教の保護者の座を不動のものとした。満洲人がモンゴル・チベットにも覇を唱え、かつジュンガルが支配していたタリム盆地のトルコ系ムスリム（今日のウイグル人）をも支配した事実は、中国文明に生きる士大夫からみても驚嘆に値した。明が直接支配する地域の狭さ（それがまさに「中華十八省」）は明らかに狭い。これに対し、満洲人皇帝が従えているモンゴル・チベット、そして東トルキスタン＝新疆は、他の朝貢国が「礼部」によって管理されているのとは異なり、「理藩院」によって管理された、より皇帝に近い存在「藩部」である。その支配は基本的にその土地ごとのやり方に任されたが、北京から八旗の軍人が大臣として派遣され、現地社会を監視していた。この枠組みは、皇帝が決めた頻度にしたがって朝貢国が挨拶に来るだけの関係＝朝貢関係と比べ、明らかに密接かつ厳格である。

漢人士大夫は当初その枠組みに関与していなかったし、そもそも満洲人は漢人を抑圧して得た税収でジュンガルとの戦いに明け暮れたため、漢人にとってこの上なく鬱陶しいものであった。しかし、やがて一九世紀になると、漢人社会における明末清初の悪夢は昔話となり、いっぽう漢人自身が農民反乱の連続に悩まされる。すると、士大夫が見習うべき栄光のシンボルとして、満洲人皇帝が切り開いた巨大な広がり、すなわちモンゴル・チベット・東トルキスタン＝新疆が「発見」された（とくに、一九世紀半ばの魏源『聖武記』がその役割を果たした）。

こうして、清という帝国と自らを重ね合わせた漢人士大夫は、これらの地を「乾隆帝までの歴代皇帝の武功を象徴する、神聖不可分の版図」と見なすようになった。筆者の見るところ、これが今日の、チベット・南（内）モンゴル・東トルキスタン＝新疆を絶対に手放すまいとする「核心利益」論の起源である。

†西洋から借りた「China の主権」

しかしまだこの時点では、「中華十八省」と「藩部・外国・外藩」の違いははっきりしていた。それが次第に「藩部も中国の一部分」と認識されるようになるには、新たな外からの変化が必要である。

その機会はすぐにやって来た。一八六〇年に北京条約が結ばれ、北京自身が西洋諸国との近代外交をせざるを得なくなったことによる。

それまで北京は西洋諸国を「夷狄」としていたが、これ以後は互いに対等である以上、西洋を「夷狄」と呼ぶことは禁止された。逆に、西洋は彼らの世界認識にしたがって清をChinaと呼び、モンゴル・チベット・東トルキスタン＝新疆も「China がコントロールしている」と見なした。清は China の訳として、外交文書において「中国」と自称しはじめたが、その論理的な結果として、China＝中国がコントロールする地はすべて「中国の一部分」ということになり、それを列強も認めていると見なすようになった。

やがて一九世紀後半、英露がユーラシア大陸全体の利権を争い、チベット・東トルキスタンもその対象となった。北京の外交関係者は当然強い危機感を抱いたものの、逆に「これらの地域を我々が China＝中国の一部分として管理し、緩衝地帯とするならば、国際平和に貢献するとともに、我々の利益も守ることができる」と考えはじめた。

こうして、
＊一九世紀の知識人レベルによる清への賛美が生み出した「皇帝たちの武功の象徴＝守るべき核心利益」イメージ
＊近代外交の生々しい現実が生み出した、「China＝中国の国家主権の範囲は、中華十八省＋モンゴル＋チベット＋新疆である」というイメージ

……以上が重なることで、近代国家としての中国のかたちが出来上がった。しかも、それを後押ししたのは、他でもない帝国主義列強であった。英露両国が「藩部」について「China の主権の下にある」と考えたからこそ、それを根拠に改めて、北京が堂々とモンゴル・チベット・東トルキスタンに関与する大義名分を獲得したに等しい。

†梁啓超「中国史叙論」と中国ナショナリズム

これに対して、中央で政治に関与していたわけではない多くの士大夫、そして一般庶民は、あくまで前近代の「天下」で生きていたに過ぎなかった。その中には、清を取り巻く現状を全くわきまえず、ただ排外に徹しさえすれば、自ずと「天下」の調和が回復されるという、既に日清戦争後には誤りとしか言いようがない発想にまみれた人々もいた。その中から、不死身の確信とともにほとんど徒手空拳で西洋・日本を排除しようとする新興宗教・義和団の排外暴動が生まれ、清もそれに加勢し、深刻な打撃を自ら引き寄せてしまった。北京が八ヶ国連合軍によって呆気なく陥落するのを目の当たりにしたエリートは、最早好むと好まざるとに関係なく、西洋や日本と同じように富国強兵を実現しなければならず、何よりもまずそのためには制度を全面的に改め、国民を創らなければならないと痛感した。

このような転換点で極めて大きな役割を果たしたのは、やはり清末最大の知識人・梁啓超でである。彼は「中国史叙論」を著し、我々は従来「天下」を知るのみで、国家としての「中国」を意識したことがなかったと痛切に自己批判した。そのうえで、当時残されていた清の領域全体を「中国」と呼び（これは上述の外交上の変化と一致する）、その中に住む漢・満洲・モンゴル・チベット・トルコ人、そして南方の苗《ミャオ》族を一括して「漢とこれらの人々は互いに混ざり合っているので、全て同胞と見なしたところで何の問題もない」と論じた。これこそが、今日の「中国」「中国人」「中華民族」という発想、すなわち「元々は多様であるものの、中国文明の**求心力を軸に諸民族が対立と融合を繰り返し、ついにはひとつの国家・共同体を共有するに至った**」という発想が立ち上がった瞬間である。

梁啓超こそ、中国ナショナリズム最大の功労者である。しかし、単に国家に対して権利義務を持つ「国民」をつくるというのみならず、その「国民」は同時に「単一の同胞＝民族」でなければならないとしたところから悲劇は始まる。

†楊度「金鉄主義説」による「中華」の意味内容転換

さらに、若手の体制内改革派・立憲主義者である楊度は、一九〇七年に日本で「金鉄主義説」を著し、現在の国際情勢を生き延びる決め手は「金＝経済」によって「鉄＝軍事」を充実させること、すなわち経済の力を借りた軍国主義であるとした。そして、最強の軍事国家を実現させるための手立てとして、自由民権の伸張と責任ある政府の樹立の組み合わせ、すなわち立憲主義の実現を説いた。そのうえで、「立憲主義的な軍国主義国家」の母体としての「中華」を、「華」と「夷」が交わる場という観点から描こうとした。

楊度によれば、「中華」とは本来文化的に優れている存在を指すものであり、国名や民族名称を指すものではない（ここまでは中国文明の原理に則っている）。しかし現に、「華」と「夷」が「礼」の上下を基準として互いに数千年間争い、その歴史を通じて「華」と「夷」が融合されつつあることから、これからはこのような場＝領域として「中華」を認識し直し、主権を及ぼして国民形成を図ってゆけば良いことになる。

しかし同時に、梁啓超の「中国」や楊度の「中華」認識を生み出した「場」は、彼らが亡命または留学した日本であったことは注目すべきだろう。彼らはいずれも日本で万国競争の生々しい現実を自覚し、立憲と軍国への道を選択する中で、彼らがそれまで拠って立ってきた「中国」「中華」ということばに全く異なる解釈を加えたといえよう。

†日本から借りてきた「中国」「中華」認識

そこで、梁啓超の議論をもう少々ご紹介しよう。

日本からみて東シナ海の向こう側は、王朝交替の繰り返しに関係なく常に「唐土・漢土・支那」である。日本が描くその歴史は、王朝交替ごとに後の王朝が前の王朝について編纂するような、しかも全ての朝貢国の事情も含むような「天下」の「正史」ではない。あくまで日本の連綿とした「国史」を一方に置き、もう一方に「王朝交替を繰り返しながら連綿と続く唐土・漢土・支那」を置いた歴史観である。

「天下」の歴史は、世界全体を見渡すことはできる。しかし梁啓超のみるところ、それは一つの王朝ごとに断絶するし、後の王朝が編纂する「正史」には、後の王朝の立場や主観が自ずと入り込む。これでは、自国・自文明の歴史を遠い過去から今日まで通し観ることは難しいのみならず、決して自国の歴史に対する愛も生まれない。過去から今日まで、一国の範囲で起こったあらゆる事件や喜怒哀楽が一定の基準で表現されてこそ、はじめて人は自国の成り立ちと問題の何たるかを理解し、愛を抱くことができる。……以上は、歴史観とナショナリズムの関係をめぐる一般論といったところであろうが、梁啓超にとっては切実な問題であった。

「中国人」が「中国」の歴史を正しく理解してこそ、西洋文明と並び立つ存在となりうる。そこで梁啓超は、まさにそのような歴史の語り方として、日本における支那学・東洋史の語りを直輸入すると宣言したのであった。しかも、日本人が既につくった「東洋史」の語りでは、中国が議論の中心を占めていることから、「東洋史」の中国こそ「世界史」のアーリア民族と並び立つ存在だと考えたのである。

現在は、泰西文明と泰東文明が相まみえる時代であるが……中国の文明は未だ世界を左右しうるに至っていない。しかし中国史は世界史の中でもまさに一強の地位を占めなければならない。
泰東史とは、日本人が称する「東洋史」を意味する。泰東の主導力は全て中国にある。ゆえに泰東史における中国民族の地位は、世界史におけるアーリア民族のようなものである。(梁啓超「中国史叙論」)

読者の皆さんは信じられないかも知れないが、今日の「中国人」が国家としての「中国」を語るとき、その語り方は基本的に日本人が発明したものなのである。だからこそ、近代に入ってからの「中国」は、中国文明固有の考え方によって成り立っているのではなく、「他者の夢を強いられて自分の夢としている」状態である。しかもよりにもよって十数億人の脳髄が、日本人が考えた発想によって完全に支配されなければならないとは!

†軍国主義への道

しかし清末においては、それが日本から輸入された概念であるからといって拒む余裕もなければ、拒む理由もなかった。

むしろ、すでに見た「附会論」的視点からみれば、立憲制と富国強兵を実現したとみなされた日本も、そもそも中国文明の恩恵を受け容れて発展した国家である。とりわけ日本は「同文同種」、すなわち漢字と漢文を共有する黄色人種の同胞である。海外に出た華僑や和僑が低賃金労働者として急速に白人貧困層の職を奪う現象への反発として、欧米で「黄禍論」の荒波が高まる中、日本は「黄色人種と白色人種の戦い」をともに進めるための「同志」でもある。

もちろんその背景には、日本国内におけるアジア主義者の存在もある。彼らは、黄色人種の連帯という立場から日清（日支）提携論を掲げ、清末のエリートと接近した。日本が西洋の発想を漢字に翻訳して発展し、近代国家のありかたを示して我々と接近しようとしている以上、彼ら日本人がつくった精華を漢字文明の祖国である中国がとり入れたところで何の問題があるのだろうか。弱肉強食の世界の荒波は激しい。列強が清＝中国の各地に次から次へと利権を設定し、相互に牽制しあっている。この情勢が悪化し、領土が切り裂かれるという「瓜分」の悲劇を避けるためにも、もはや一刻の余裕もない……。

そこで、梁啓超は「中国之武士道」という文章を著し、本来「中国民族にも備わっていたはずの武士道」が長年の専制権力のもとで忘れられていたのを復活せよと訴えた。そして、日本に続々とやって来た官僚や留学生は、軍国主義的観念に陶酔していった。

世界の大勢は強くなければ滅び、被保護国となる。弱い国で独立を確保している国はない。ドイツ・日本は当初強国ではなかったが、ドイツはフランスに辱められたのち、皆兵制とヴィルヘルム一世の兵制改革で一等の強国になった。それでもドイツ皇帝は不足に感じ、我が生涯は海にありと宣言して、海軍力が大いに進歩した。何という偉業であろうか。日本も憲法を実施して以来、陸海軍が大いに拡張され、我に勝ち、ロシアにも勝った。願わくは皇太后・皇上がこの両国を模範とし、四億の人民と五百万平方里の面積を生かして偉大な業績を期せんことを。そうすれば我々は牛耳を執ることができ、列強は取るに足らない。（「留学生陳発檀の、速やかに憲法を立てて海陸軍を振興することを請う呈文」『清末籌備立憲檔案史料』）

†排満革命と日中「同文同種」のわな

問題は、満洲人皇帝を頂点とする清に、富国強兵を進める力が残されているのかどうかということである。むしろ、日清戦争や義和団事変の見苦しい敗北を招いた満洲人、及びその取り巻きたるモンゴル人には、もはやそのような力はないと見切った人々が多数現れ、いわゆる排満革命が生まれた。

実は、このような意識こそが、その後の日中関係に大きな影を落とすのみならず、他でもない「中国という国家」を内側からバラバラにしてしまう。

排満革命の立場は、「中華」「華夏」の本来の担い手である漢人が、これから富強な中国をつくると考える。明が悲惨な崩壊をたどり、その後に満洲人が入って「中華」から搾取すること約二世紀半、ようやく漢人が本来の力を発揮するときがやって来た。とはいえ漢人社会の力量は、長年の混乱のため未だ十分ではない。それでも、人種間の生存競争は待ってくれない。ではどうすれば良いのか。答えは簡単、中国が全面的に模範としている日本人と、まさに「同文同種」であるがゆえに一心同体となれば良い。行く行くは中国と日本が大同団結して東の強国となることが出来れば、白色人種を恐れる必要もない……。

これに対し、過去のしがらみはさておき、弱体化した満洲人やモンゴル人と改めて団結する余地はないのか。漢人革命の原理に徹するならば、そして漢・日本の団結を信じるならば、それは有り得ない。そもそも満洲文字やモンゴル文字は、中央アジアのソグド文字に由来し、アラビア文字を九〇度回転させたような発想による縦書きの表音文字である。表意文字の漢字とは根本的に異なる。また生活文化も、「華夏」からみれば最も野蛮な「水と草を追い定住しない騎馬民族」（『史記』）のそれとみなされ、同じ農耕民族として高度な社会をつくっている日本に遠く及ばない、という。

このような議論は、日本人にとって一見すると分かりやすい。漢字・儒学文明の一貫性、及びその主な担い手が漢人であることを基準として「中華」をとらえることに長けているからである。

こうして、日中両国の「黄色人種の団結を信じる、良心的な」人々が、それぞれの思惑と勝手な解釈のもと、「中国・中華」を近代的に造りかえるために接近していった。もちろん、その一大目標が成ったのち、最終的に日中協力を誰が主導するのかという点についての合意は一切ない。当時、日本が圧倒的に先進的であり、漢人の「中国」が「おくれて」いたのは暗黙の了解であった。

二〇世紀前半の日本人は、将来の非常に長きにわたってこの図式が変わらないとみた。これが日中戦争に至る日本側の最大の問題である。しかし漢人の中国としては、あくまで「文明」の源は自らにあり、遠い将来富強に成功すれば当然、自らが中日の「同胞」関係においても「兄」として振る舞おうと考えるに決まっている。このような論理が、今日の日中関係における中国側の強硬な態度の根底にある。

†排満革命が損ねる「中国の統一」

問題はこれだけにとどまらない。漢人ナショナリストが「排満」を言いつのればつのるほど、彼らが最も守ろうとしていた「中国」の主権と統一は吹き飛びかねなかった。

漢人が誇る「中華」の文明は、彼らの主観をよそに普遍的ではない。漢人あるいは「中華」の側は、「天命」を承けた自らの「徳」と「恩」を「夷」が感じて付き従い、上下関係の「礼」に安住するのだと思い込んできた。しかし、漢字を理解しない人々は、「中華」が「中華」であるから従わなければならないとは一切考えない。あくまで様々な打算によって朝貢するか、皇帝を賛美するか、あるいは軍事的に制圧されるか、一切関係を持たず「皇帝の恩恵から放置される（化外）」ことを選ぶかのいずれかである。明という帝国が基本的に「中華十八省」の範囲でとどまったのは、まさにその結果である。

これに対し、清は全く違う。繰り返しになるが、モンゴルは満洲人の同盟者である。チベット（とりわけ今日のチベット自治区にあたるダライ・ラマ政権）は、騎馬民族共通の信仰であるチベット仏教の聖地として保護するべき存在である。東トルキスタン＝新疆は、清とジュンガルのチベット仏教保護権争奪戦を通じて手に入れた土地である。そこに住むトルコ系ムスリムは、「イスラーム信仰を認める満洲人皇帝は、ムスリムを圧迫したジュンガルよりもましである」という理由で北京に従った（一九世紀に入ると統治の乱れでトルコ系ムスリムは反乱し、一八六〇年代には独自の国家があらわれた）。

したがって漢字を知らない内陸アジアの人々には、満洲人皇帝との密接な関係とは裏腹に、

「中華」「中国」に服従した覚えは全くない。満洲人皇帝と「中国」・モンゴル・チベット・東トルキスタンの主従関係のみがあり、互いの関係は満洲人皇帝を介した間接的で横並びのものであるに過ぎないからである。それぞれの地域の安定は、満洲人皇帝が最終的な責任を負う。他の地域の混乱を目の当たりにして、皇帝をさしおいて「同胞として助け合おう」という意識を持つことは原理的に有り得ないし、皇帝に対して失礼千万ですらあるだろう。これこそが、清という帝国の基本構造である。**それは一種の同君連合であり、断じて「単一の国民としての連帯」ではない。**

このような構造の帝国から、個別の関係の頂点に君臨する満洲人皇帝を排除したらどうなるか。答えは簡単、扇の要を失い、上下関係の理由付けを失った帝国はバラバラに解体するしかない。大まかにいって元通り、中華十八省・東北三省(満洲人の故郷)・モンゴル・チベット・東トルキスタンとしてやってゆくことになる。

†清末新政の暴挙

しかし清末の段階では、このような深刻きわまりない問題に気づく中国ナショナリストはほとんどいなかった。むしろ、一刻も早く「中国」の国家主権を明らかにし、その内側に住む人々を全て同じ意識を持つ「中国人」に改造しなければならないという固い決意こそ、彼らにとっての絶対的信仰であった。

そこで、体制内改革の立場をとる人々は、彼らが「中国の主権」のもとにあるとみなした範囲（＝今日の中華人民共和国とモンゴル）に住む人々に、漢語・儒学を中心とした「中国」の文化的精華、そして日本にならった近代教育を叩き込もうとした。これは、清末の近代国家建設の動き＝清末新政のうち、ナショナリズム教育の側面である。

漢字と儒学を知らず、むしろチベット仏教やイスラームこそ普遍的で偉大であると考え、チベット・モンゴル・アラビア文字で得られる知識に自信を抱いてきた人々は、このような政策に対して根本的な不満を抱いた。**満洲人が支配する帝国はあくまで大清＝ダイチンであって「中国」ではない。「中国」は大清の一部分でしかない。**しかし、彼ら非漢字圏の人々の与り知らないところで、いつの間にか大清全体は「中国China」と呼び方が変わった。しかもその「中国」は、「中国」の文明ならびに日本経由の近代の論理を押しつけようとしている。たとえば、日露戦争後に駐蔵幇辦大臣（チベットを監督する副大臣）としてラサに送り込まれた張蔭棠（のち、清末最後の駐米公使となる）は、チベット人の官僚に対してこう言い放った。

ああ、世界の如何なる国も、貧者は弱くして富者は強い。智者は興り愚者は亡ぶ。経典をつつしんで念じても巨砲を御するには足りない。（中略）

商戦の敗は、兵戦よりも害は烈しい。今日の地球上では万国が往来しており、貿易を絶やして立国できるという理は断じて存在しない。（中略）チベットは英・露両大国にはさまれながらも《中国の属土》であるため、敢えて彼らに併呑されることはない。もし奸臣が英露どちらかに荷担するようなことをすれば、（そのような奸臣を）全て殺すべきである。

もしいま滅亡の危機を免れようとするならば、学問と練兵が最も重要である。農・工・商・鉱は富を創る根本であり、練兵は外の侮りに抵抗する根本である。……なんじチベットの民は大清国皇帝の百姓（臣民）であるので、先に漢文を練習して漢語に通じ、そのうえで西国の文字・技芸を考究せよ。なぜなら、西国の各種技芸は、すでに中国に翻訳書が存在するからである。（『元以来西蔵地方与中央政府関係檔案史料匯編』光緒三十三年「一九〇七」、一五二三・一五四九頁）

これらの発言は要するに、これから我々漢人とチベット人は同じ「中国人」となる以上、そしてチベットも「中国の主権」のもとで護られている以上、チベット人も漢字漢文を学び、生存競争の世界における勝者となれ、というのである。しかし、突然このようなことを言われれば、怒らない人間はまずいない。

JR中央リニア実験車両の「パクリ」が描かれた「チベットの明日はもっとすばらしい」宣伝画。中国が選んだ「日本的近代」のチベットへのしわ寄せが100年以上続いていることを暗示。

本来、ある文化に属する集団や一個人が、どのような言語を選択して他文化・他文明を学ぶかは、彼ら自身の選択によるはずである。ところが、清末の中国ナショナリズムはそのような選択を許さない。なぜなら、彼ら非漢字圏の人々も「大清の百姓」であるがゆえに「中国China」の国家主権のもとに組み込まれることになった以上、むしろ積極的に「中国人」となるべきだからである。

かくして清末のチベットは、北京から送り込まれて全面的な近代化・中国化を進めようとする官僚と、それを拒み仏教文明を護るべく猛然と抵抗するチベット人の流血のるつぼとなった。また同じことは、北モンゴル（今日のモンゴル国）でも起こった。彼らは一様に、満洲人皇帝がモンゴルやチベットの仏教を保護してきた歴史は有名無実になったと見なし、一九一一年の辛亥革命で清が崩壊すると早々に独立へと舵を切った。ただでさえ清を信用できないことに加え、扇の要にあたる満洲人皇帝が退いたならば、それは単に「大清」が吹き飛んだことを意味する。彼らからみて他者にすぎない「中国」に加わる理由などない。ましてや、漢人ナショナリストが漢字・儒学を強要するならばなおさらである。

この結果チベットのダライ・ラマ政権は、それまで「ヒマラヤを荒らす仏教の敵」と忌み嫌っていた英領インドに依存しはじめた。清・英のどちらが現にチベット仏教を破壊するかを考えれば当然の流れである。北モンゴルも、シベリアから彼らを睨む存在であるはずのロシアに依存するようになった。

これに対し、ロシアとの辺境紛争（イリ問題）を経て一八八四年に新疆省が設置された東トルキスタン、ならびにモンゴル有力部族の王公が清の皇室と密接な利害を築いていた南モンゴル（今日の内モンゴル自治区）では急激な反発は起きなかった。しかし、漢人の側の度が過ぎれば反発は必然であり、実際東トルキスタンと南モンゴルでは一九二〇年代以後、民族運動がしばしば急進化した（後で詳述する）。

† 「中国の宗主権のもとの自治邦」モンゴル・チベットの命運

以上にみたように、中国の民族問題と呼ばれている問題の非常に大きな部分は、近代中国ナショナリストが、非漢字圏の意向と関係なく清という帝国の統治構造を改めたことによるものである(同君連合・国家連合的なものから、単一の主権による国民国家へ)。しかも、従来「中華」の文明とチベット仏教・イスラームは同格であったが、漢人ナショナリストが主導する「中華」が日本経由の近代を代弁し、上から非「中華」を指導するという不均衡な上下関係に変わった。

今日ある民族問題の構造は、決して中国共産党や毛沢東がもたらしたものではない。あくまで近代中国という国家が「他者の夢」、とりわけ「日本的近代国家の夢」を見てしまった結果、一〇〇年以上にわたって続いているものなのである。

しかし、清から領土を引き継ぎ、その隅々まで主権を行使しようとする新生・中華民国は、このような事態を放置できない。そこでまず外交面では、チベットのダライ・ラマ政権やモンゴルに対し多大な影響力を持つ英国・ロシアとのあいだで、これらの地域の処遇をめぐる交渉が行われた(チベットについては英国とのシムラ会議。モンゴルについてはロシアとのキャフタ会議)。

中華民国側は、成立早々の内政・外交の混迷にもかかわらず、ことモンゴル・チベットに関しては挙国一致で結束し、何が何でもモンゴル・チベットの独立を取り消そうとするとともに、英国とロシアが二つの政権を支援するのを止めさせようとした。これに対し英露両国は、現実にチベット・北モンゴルでしかるべき政権が機能しており、かつ勢力圏として抱え込んでおけば有利であることから、中華民国の立場に関係なくこれらの地域を援助しようとした。とはいえ、両国が中国の他の地域において持つ利権（英国は香港や各地の租界、ロシアはハルビンを経由してシベリア鉄道を短絡する東清鉄道）を保とうとするならば、完全に中国を敵に回すのは得策ではない。

そこで英露両国は、チベットと北モンゴルは事実上自立しているものの、中華民国の影響力も曖昧ながら存在することを認め、「中国の宗主権の下の自治邦」という、何とも奥歯に物が挟まったかのような定義をした。自立したチベット・モンゴルは今後も英露が勢力圏として援助するものの、中国が自らのものと主張することは妨げない、ということである。

これに対し中華民国は、チベット・北モンゴルに主権を及ぼし完全に支配しようとする立場ゆえに、当然のように拒否した。そこでチベット・モンゴルをめぐっては、中国と英露の見解が完全に分かれた状態のまま膠着状態が続いた。中華民国はその後も、日本からの圧迫や内政の混乱にもかかわらず、隙あらばダライ・ラマ政権と北モンゴルの独立を打倒するために軍隊を送ろうとした。実際、ロシア革命の直後には、北モンゴルの政府が北京政府によって崩壊に追い込まれたし、南京・重慶国民政府もチベット情勢の変動に乗じて軍事制圧しようと試みた。

†北モンゴルとチベット・運命の分かれ目

では、北モンゴルが今日モンゴル国として独立に成功し、チベットが独立に失敗しているのはなぜか。有り体に言って、それは複雑な国際関係の結果である。

北モンゴルの場合、北京政府がイフ・フレー（庫倫。今日のウラーンバートル）を制圧して間もなくシベリアの混乱が波及し、北京政府関係者は北モンゴルを追われた。やがてモンゴル人の青年グループが親社会主義的な革命を起こし、これが一九二四年にモンゴル人民共和国となったものの、その後長年にわたり「ソ連の一六番目の共和国」と呼ばれるほど厳しいコントロールの下に置かれた。モンゴル国が名実ともに完全な独立と呼びうる状態を実現したのは、一九九一年のソ連崩壊以後である。

これに対しチベットの場合、一九四七年にインドが独立し、アジアにおける英国の存在が極めて弱くなったことが致命的であった。しかも英国は、香港を安定的に維持するため、他の西側諸国にさきがけて一九五〇年に中華人民共和国を承認した。さらに、同年勃発した朝鮮戦争のため、国際的な関心は朝鮮半島に注がれ、中国の意向を無視してチベットの自立を保護しようとする大国はなくなった（独立直後のインドは、安全保障上の理由から多大な関心を払ったが、保護する能力はなかった）。毛沢東はある意味で安心して、一〇万人規模の人民解放軍をチベットに送り込んだ。為すすべもないチベット政府は一九五一年、「チベットを帝国主義の影響から解放する」と称する「一七条協定」に調印させられたのである。

ちなみに極論ながら、ことチベットをめぐっては「風が吹けば桶屋が儲かる」ではないが、中共は日本に感謝すべきですらある。日本のアジア拡張は、帝国主義的でありながらも同時に各地の民族主義運動を刺激し、疲弊した諸列強はアジアからの退場を余儀なくされた。しかし、それはチベットにおいては、保護者・英国を失う逆効果としてあらわれ、中共のチベット制圧を可能にした。また、朝鮮半島の混乱の裏を突いてチベットを制圧することが可能であったのも、日本の敗戦と無関係ではない。ある国の列強からの解放が、別の土地に飛び火してその自立を失わせたとは、国際政治の残酷な現実の極限的なあらわれではなかろうか。いっぽう、それに先立つ民国の時代、蔣介石は英国から支援を受けなければ日本に抵抗できなかった。それがチベットの三〇年以上にわたる自立を可能にしたことを考えれば、中国ナショナリズムが英国と日本を強烈に意識するのもまた自然なことである。

†「清室優待」と「五族共和」

いっぽう外交面とは別に、なぜモンゴルやチベットが独立に走るのかを真剣に考えるならば、清の国家構造と近代中国の国家構造が全く異なるという根本問題に行き当たる。

内藤湖南『支那論』によると、辛亥革命が起こる前後まで、この問題に気づいていた「中国人」は本当に少なかったらしい。湖南省から札幌の東北帝大農科大学（のちの北海道大学）に留学していた人物が「革命党のために従来の支那の絶大な領土を瓦解させるのは残念だ。ダライ・ラマと関係を取り付け、その力を借りてモンゴル・チベット問題を解決したいので、西本願寺法主の紹介を得たい」と訪ねて来たのが僅かな事例であったという。これに対して内藤湖南は、「すこぶる卓見であるが、自分でもいかんともしがたい。革命政府・漢人が満洲人・異種族を一視同仁し、清よりも悪い待遇をしないことを宣言するしかない」と助言したという。

筆者も、この留学生は極めて聡明であると考える。清の国家構造を崩したことによる混乱を修復しようとするならば、この構造の要にあるもの……すなわち満洲人皇帝のチベット仏教に対する手厚い保護を修復するしかない。

しかし、今や民国が成立し、誰もが民族の違いを超えて「中国人」となる以上、チベット仏教徒のみ特別扱いすることは平等な「民」の国の本旨に反する。とはいえ手をこまねくならば、英露両国が隙を突き、全面的な破局が待っているかも知れない。また、満洲人を本当に民国から排除するならば、万里長城の東端にあたる山海関の北は、完全に日本とロシアの草刈り場となるであろう。

そこで成立したばかりの民国・袁世凱政権が採ったのは、ある意味で排満革命を否定するかのような妥協策であった。すなわち、満洲人皇帝（幼少の宣統帝溥儀）は退位しても、引き続き北京・紫禁城の中に居住することを認め、皇帝以下満洲・モンゴル人の有力者や旗人（八旗の軍人）、ならびにダライ・ラマ以下の有力な活仏の称号を維持して、彼らに従来通りの生活を保証するとともに、議会において一定の議席を保証することとしたのである。さらにこの措置の延長として、東トルキスタン＝新疆の有力者にも同様の措置が適用された。これを**清室優待・満蒙回蔵各族優待**という。広東出身で内陸アジアの事情は全く分かっていない孫文ではなく、清の生え抜きの官僚である袁世凱が大総統に即位したからこそ採り得た、思い切った措置であるといえよう。

この延長において、中華民国の構成原理は漢・満・蒙（モンゴル）・回（トルコ系ムスリム）・蔵（チベット）からなる「五族共和」の国家であるとされた。領域の中に住む人々を性急に全て「中国人」とするのではなく、あくまで清の国家構造を踏まえて、これら五民族がさらに協力するという体制を整えたことになる。

†「五族共和」と「中華民族」

しかし、これで丸くおさまったわけではない。むしろ、清室優待・内陸アジア民族優待の枠組みは最低限の妥協に過ぎない。漢と、満・モンゴル・チベット・トルコ系ムスリム（一九二〇年代以後、ソ連の影響を受けた民族自決運動の影響で、オアシス農業を営む多数派の人々がウイグルと名乗るようになる。また。ジュンガル盆地の遊牧民は、中ソ国境の向こう側と同じカザフと名乗る）の双方には抑えがたい不満が残った。

とりあえず、排満思想が民国で採用されず、清の領域を基本的に継承したということで、梁啓超や楊度など清末の体制内改革派が主張した通りの国家が出来上がった。北モンゴルやダライ・ラマ政権の問題はあるものの、辛うじて清の領域は保たれ、諸外国はこれらの地域に対する中国の影響力に配慮し、清と密接な関係にあった一部のモンゴル王公やチベット仏教の活仏も民国寄りの立場を示すようになった。

しかし、漢人ナショナリストの本音は決して、漢・満・蒙・回・蔵の違いを残したままの「五族共和」ではない。そもそも「富強」を実現して生存競争の勝者となるためには、単一の「中国人」とならなければならない。しかし、依然として「五族」の垣根を設けるならば、逆にその実現が遠のくのではないか。しかも「五族」の妥協のために、憎き満洲人やモンゴル人を依然として優遇しなければならないとは、革命への最大の裏切りというべきではないか。

したがって、純粋な大漢民族主義者である孫文は、その後もことあるごとに「満・蒙・回・蔵を全て漢に融合させて一大家族・民族としなければならない」と強調したし（例えば『三民主義』）、孫文の正しい後継者を自負する蔣介石も「中国国内の全ての人々は単一の民族を構成している。漢・満・蒙・回・蔵の違いは単に宗族＝血縁集団の違いにすぎない」とした（例えば『中国之命運』）。

この結果「五族共和」は、「中華民族」という名の民族融合論によって浸食される運命に直面した。梁啓超や楊度に源流を発し、孫文や蔣介石をはじめ多くの権力者によって強調されるに至った「中華民族」というイデオロギーは、「後発国でもドイツや日本のように単一民族国家に近いほど生存競争に生き残ることが出来る」という思い込みのもと、大まかに言って次のように考える。

＊黄河の中流＝中原で生まれた「華夏」「中国」の文明は、「華」と「夷」両者を突き動かす原動力である。

＊中原を争奪し、その過程で次第に融合した諸民族は、やがて「共同性」を獲得してゆく。

＊諸民族はついに列強の圧迫のもと「共通の運命」を自覚し、多民族的でありながら同時に単一民族としての団結力を持つに至り、ともに起ち上がり神聖な領土と主権を防衛している。

＊こうして出来上がった「中華民族」を導く主な精神は、各民族の中でも最も優れた段階に達した漢族の文明・文化（そして漢族が解釈した西洋・日本の先進文化）である。

こうした議論は既に民国期において、日本への抵抗を強く意識する中で盛り上がっていたが、それと反比例して「五族」のうち「漢」を除いた残りの四族の立場は狭まる一方であった。

†「五族共和」の融解

まず満洲人＝満族については、清室優待のもと宣統帝・溥儀が紫禁城に住み続け、彼に仕える多くの満洲人も北京で暮らしていた。しかし財政不足にあえぐ民国政府には、彼らの十分な生活保障をするもとではなく、困窮の一途をたどった。しかも一九二四年には、軍閥・馮玉祥が清室優待を一方的に廃止して溥儀を紫禁城から追放し（北京政変）、行き場を失った溥儀は日本を頼らざるを得なくなった。こうして満洲人全体が「中華民族」からみて裏切り者となってしまい、その後毛沢東時代の終焉まで続く「反帝・反封建」イデオロギーのもと、人民共和国において政治的な居場所を失うに等しい状態となった。

残る南モンゴル・チベット（今日のチベット自治区に含まれない、甘粛・青海・四川西部などに住む人々。東チベットと便宜的に呼ぶ）・トルコ系ムスリムの立場も、民国の混迷の中で切り崩された。かねてから彼らは地方軍閥によって圧迫を受け、その都度中央政府に対し善処を要求していた。しかし、軍閥割拠を食い止め中国を統一しようとした蔣介石にも、軍閥を完全に牽制する力はない。むしろ蔣介石に反旗を翻さないようにするためにも、軍閥の面子をある程度立ててやらなければならない。かくして、中央政府に失望した南モンゴルは、民族運動を経て日本に接近し「**蒙疆政権**（蒙古聯合自治政府）」を成立させたし、東トルキスタン＝新疆でも民族運動が強まった。地域ごとに分断されていた東チベットでは、大規模な民族運動は民国期に起こらなかったが、漢人主導の近代化や軍閥の圧迫への不満があることには変わりがなかった。

†「少数民族」言説と「中華民族」理論

このような状況をめぐって、もし民国中央政府が内藤湖南のいう通りに「清よりも悪い待遇をしないことを宣言」して実際の行動に移していれば、まだ最悪ではなかったかも知れない。しかし一九三〇年代の日中関係悪化がやがて全面戦争を招き、重慶に国民政府が移ると、単に「漢」が「蒙・回・蔵」の危機に耳を傾ける余裕がなくなったばかりか、戦略的な大後方として「蒙・回・蔵」の開発を推進し、「抗戦」の時代であるからこそいっそう社会的な同化を進めようとする議論が沸騰した（開発西北論）。

また、南京を放棄して重慶に中央政府が移った結果、目の前の四川・雲南など西南地方に住む非漢人社会（今日の彝族・苗族など）の存在を重視せざるを得ない。すると従来の「五族」だけでは、彼らを取り込みづらく都合が悪い。むしろ「中華民族」という「多民族的な単一民族」のもと、「漢」と「少数民族」の二分法で論じ、従来の「蒙・回・蔵」もすべて「少数民族」という枠に押し込んでしまう方が話が早い。

こうして戦乱の中で「五族共和」は霞み、代わって「中華民族における少数民族」という表現が一般化した。今日の中華人民共和国における「中華民族」理論は、基本的に日中戦争期までにつくられた議論の延長にある。とりわけ、民国期から活躍し、人民共和国における民族政策のイデオローグとなった社会人類学者・**費孝通**が一九八〇年代に著した『**中華民族多元一体格局**（構造）』は、現代中国の国家統合における事実上の根本経典となっている。

費孝通は、彼自身のフィールドである雲南における「漢」と「少数民族」の混住・相互影響という現実を踏まえ、中国社会の現実は「私の中に貴方がいて、貴方の中に私がいる」状態であると断言した。これこそ、「多民族的でありながら単一民族として団結している中華民族」の理想なのだという。

しかし、それを裏返すならば、このような多民族間の大きな枠組み（「中華民族大家庭」）を崩し、あるいは不和を作り出すことは、「中華民族」という「多民族的単一民族」に対する裏切りに直結する。とりわけ、中国が国際的な緊張に取り囲まれてきた歴史を思えば、「少数民族」による新たな裏切りは断じて許されない。そして「大家庭」であるからこそ、その中での家父長的な存在である「漢」による、その他大勢のおくれた「少数民族」への恩恵ある指導が絶対化されなければならないことになる。

†毛沢東時代の民族問題の悲劇は彼のみの問題か?

中国ナショナリストが抱いた「日本型の単一民族国家を創らなければならない」という決意は、他でもない日本との緊張の中でさらに強められ、国家としての「中華」への絶対的な忠誠と「漢」の主導権承認を「少数民族」に迫るという、何とも息苦しいものになった。中華人民共和国、とりわけ毛沢東の時代の民族政策は、総じて中国共産党・毛沢東が進める強引な社会主義化、そして「おくれた」民族・宗教文化の否定としてあらわれ、それへの抵抗が一九五九年のチベット動乱に代表される大混乱につながった。あるいは、文化大革命・中ソ冷戦の極端な緊張の中、「裏切り者」と目されたモンゴル人エリートが大量虐殺される「内蒙古人民革命党」事件も起こった(これについては楊海英『墓標なき草原』が詳しい)。

筆者のみるところ、これは別に毛沢東だけが悪いのではない。既に民国期までに形成された「中華民族」の名における抑圧の構造が、前章でみた中国社会主義・毛沢東の残酷な政治と組み合わさることで、「少数民族」に対して極限の打撃を与えたということなのである。

第七章 不完全な改革開放と文明衰退論——六四天安門事件への道

†決死の血判状

近代的なナショナリスト、とりわけ毛沢東がどれほど日本的近代を模倣しても、聖人君子の政治がいつも必ず民衆を傷つけてきた中国文明の悪しき循環を断ち切ることはできなかった。それればかりか、大躍進・文化大革命にしても民族問題にしても、歴史上のいかなる時代と比べても凄まじい犠牲が引き起こされた。

中国文明において権力が堕落し衰亡するとき、率先して現状を打破しようとするのは、何といっても権力の外側にいる人々であった。しかもその叫びを上げるときには必ず絶対的な権力とぶつかることから、処罰や死を覚悟せざるを得ない。そしてほとんどの場合、それは「逆賊」「反革命」の名において抹殺される運命にあった。しかし、まれに最後の叫びは成功する。

一九七八年の冬、現代中国の出発点ともいうべき決死の行動が、貧困の極みにある農民によって起こされた。中国文明の中心地である中原や江南に近いながらも相対的に貧しいことで知られる安徽省北部（出稼ぎ農民の主要輩出地の一つである）の鳳陽県にて、毛沢東の政治を全否定する血判状が書かれたのである。

我々は農地を分けて各戸に分配する。各戸の戸主はここに署名して印を押す。今後各戸は、国家による毎年の生産割り当てを達成することを保証する。そして国家に金や食料を要求することはしない。もしそれが出来なければ、村の幹部は投獄され死刑になることも甘受する。他の村民は、そのあとに残された子供が一八歳になるまで、協力して養うことを保証する。

これが当時どれだけ衝撃的で危険なものなのか、なぜ死刑などという物騒な文言が入るのか、第五章を思い出して頂ければ一目瞭然であろう。誰もが私利私欲を捨てて、集団労働で収穫を分かち合い、「公」の精神を共有する社会こそ、毛沢東の理想である。土地の所有権は個々の

改革開放の総設計師・鄧小平（広東省深圳市にて）。

農民から集団＝人民公社に移されて久しく、その利用は国家の計画・指示によるので、実質的に国有に等しい。その土地の使用権を各戸に分配し、農民一人一人が集団労働ではなく自助努力で生産し、国家からの生産割り当てを達成したあとの余剰は勝手に処分して良いという方針を、よりにもよって村人が勝手に決めたのであるから、それこそ絶対に正しい毛沢東に対する究極の反逆ではないか。

しかし村民はこうせざるを得なかった。一九七〇年代になると、人民公社のもとでは誰もがやる気を無くし、一人当たりの生産額が目に見えて低下を続けた。その結果、農村から逃れて都市で物乞いをする人々が急増したという。とりわけ安徽省北部の農村地帯では人口の三割以上が物乞いで生き延びていた。農民が「国家に金や食料を要求する」とは、そのような極限状態を指す。だからこそ、農民は生存をかけて、毛沢東の教えに従わず、各人の創意工夫に頼るという最後の手段をとったのであった。

†毛沢東の死が暗示するもの

鳳陽県の農民にとって幸いなことに、彼らの行動は当時の北京における政治闘争のゆくえとうまく重なっていた。その結果、彼らの行動は反革命・反逆とならず、逆に血判状が北京の中国革命博物館に保存展示されるほどの快挙として記憶されることになった。

当時の中国を覆っていたのは、たとえようもない巨大な不安であった。個々の農民の衣食住からはじまって、一九七六年に毛沢東が死去した前後の混沌、そしていつ起きるとも知れないソ連との全面戦争など、中国という国家自体が完全に破滅するかに思われていた。これらを全て適切に処理しなければならないという、同時代の日本人には想像もつかないほどの緊張感が、改革開放の荒波に自ら飛び込むという思い切った決断をさせた。

毛沢東はプロレタリア文化大革命において、社会の中に潜む「ブルジョア・反動・実権派」を根絶やしにしようとして暴走した。のみならず、彼の後継者を自任する林彪が、毛の権威を持ち上げて事態を拡大した。その結果、多くの人々やその家族が「私利と資本主義に走るブルジョア＝黒」というレッテルを貼られて冤罪に苦しみ、社会全体に凄まじい暴力と人間不信がはびこった。さらに、林彪はクーデタに失敗してソ連に亡命する途上で墜落死し、その後を継いだ「四人組」(中心人物は毛の後妻である江青。ほか姚文元・張春橋・王洪文)が専横を重ねるなど混乱が続いた。

この結果、中共中央において本当に政策決定ができるのは、毛沢東ただ一人しかおらず、他の誰もが毛沢東の考えを推し量るしかなくなった。米中・日中接近は、よりにもよって文革が否定しようとした資本主義国家と接近するという「暴挙」であったが、ソ連の脅威を痛感した毛が直接決断したからこそ可能であった。一体何が正しいのか、もはやイデオロギーを以てしても説明がつかない。強いて言えば、毛沢東一流の軍事的なリアリズムのみが正しい、ということであろう。

しかし、全能の毛沢東にも生命に限りがある。中共と中華人民共和国に意味づけをなしうる唯一の人格である毛沢東がいなくなったとき、誰が、何を基準にして物事を判断すればよいのか。このままでゆけば、毛沢東が決めた枠のなかで前例を遵守しながらやってゆくしかない以上、毛沢東によって破滅の淵に追い込まれた中国という国家と文明はこのまま野垂れ死ぬしかない。

残された人間がこの問題に気づいたとき、一体どうすればよいのか。答えは大きく分けて「あくまで前例遵守」「体制を保ったままでの漸進的な変化」「既存の体制に見切りを付ける大変革・大革命」ということになる。改革開放は、このうち漸進的変化を意味する。そして「前例遵守」「大変革」とのあいだに、新たに凄まじい衝突を生じて今日に至っており、それが現在の中国における巨大な矛盾をもたらすとともに、日本との対立をも生み出している。では、この新時代の荒波は良くも悪しくもどのように展開してきたのであろうか。紙幅の都合で簡略化した説明になるが、最低限知っておくと良い内容を分かりやすく説明したい。

†すべては周恩来の死から始まった

毛沢東が死去し、中国にとって不吉な一年と記憶される一九七六年の幕は、周恩来の死去によって開けた。

近現代中国史における周恩来の存在は、留学先である日本との密接な関係、共産党との連携による抗日を蔣介石に迫った西安事件、人民共和国外交における第一人者であったことなど輝かしいものがある。その反面、毛沢東の側近でありながら、毛の暴走を最後まで止め得なかったという問題もある。それでも、林彪なきあと周恩来を中心とした実務家が何とか切り盛りし、毛沢東もそのような周恩来を切り捨てなかったからこそ（あるいは、周恩来が敢えて正面から毛に異議を唱えず安全弁に徹し、毛に切り捨てられなかったからこそ）、辛うじて文革中国は崩壊しなかったといえよう。

しかし、何とか毛沢東の「正統」を引き継ごうとした四人組にとっては、周の存在自体が面白くない。そこで四人組は、表向き林彪と孔子を糾弾する「批林批孔」キャンペーンを張り、暗にライバル周恩来を君子ぶった「現代の孔子」として糾弾した。文革と四人組の支配に絶望した人々は、癌に冒されながらも死の間際まで執務した周恩来の姿に、悲劇の名政治家としての思いを強くした。そこで、死者を悼む行事である四月の清明節にあたり、周恩来を慕う多くの人々が天安門広場に集まり、四人組の排除を訴えた（第一次天安門事件、または四五天安門事件）。当然これは、毛沢東と四人組の絶対的支配からみれば「反革命暴乱」である。

これによって四人組が完全に主導権を獲得したかといえば、事実はその逆である。同年七月、河北省の唐山で大地震が発生し、数十万人が犠牲となったほか、北京でも激しい揺れを観測し、人心は完全に凍りついた。その直後の九月、毛沢東は死去し、毛沢東の後ろ楯を失った四人組はただちに党内クーデタで排除され、文化大革命は終結した。

†華国鋒と「二つのすべて」

毛沢東と四人組なきあと、当初最高指導者の座についたのは、華国鋒という人物である。彼は、他の有力な指導者が文革で次々に失脚・抹殺される中、そのポストを埋めるかたちで出世したイエスマンであり、毛沢東が「貴方がやれば私は安心だ」と指名したことではじめて最高りである。

指導者としての自己主張をなしえた。

したがって華国鋒の業績らしい業績は、毛のお墨付きをもとに四人組を逮捕し、毛なきあとの党内対立を乗り切ったことに尽きる。それ以外の政策といえば、とにかく毛のお墨付きしかない以上、あくまで毛の路線を継承するしかない。具体的に言えば、大まかにいって以下の通りである。

＊人民共和国の成立後も、国内には依然として労働者と資本家の階級対立がある。資本家が復活を狙っている以上、労働者階級の利益を代表する共産党が引き続き、資本家階級に徹底的な打撃を与えなければならない。

＊そのためには、（一）毛主席が決めた政策はすべて断固として堅持しなければならない。（二）毛主席の指示はすべて終始変わらず従わなければならない。（「二つのすべて」論）

＊余りにも貧しいままの中国社会で、毛沢東の夢を具体化し平等な社会をつくるための鍵は、あくまで個々の人民が現状を打破しようと志を高らかに抱くことによる「自力更生」である。そこで、農業と工業で「自力更生」の精神を体現した《大寨《たいさい》》と《大慶》に学べ。（大寨は山西省東部の山岳地帯にある極貧の農村であったが、自力更生の精神で人民公社の模範となったと喧伝され、指導者の陳永貴は当時副首相まで登り詰めた。大慶は人民共和国期に開発された黒竜江省の油田であり、資材不足の中でも油田を掘るために、人間が極寒をいとわず泥水に飛び込みかき

混ぜるという英雄的事績で知られた）

＊いっぽう、ソ連との対決に備え、二〇世紀末までに国力を先進国なみに引き上げるため、農業の機械化と工業・交通インフラの整備を大々的に進める。そのために日本をはじめ先進国から大規模な借款をとりつけてモデル工場を建設する（その象徴が、上海に建設されて山崎豊子『大地の子』のモデルにもなった日中合弁・宝山製鉄である）。

「農業は大寨に学べ」キャンペーンを伝える、当時の対日宣伝誌の表紙。左の人物・陳永貴は大寨の指導者として、毛沢東によって副首相まで引き上げられた。

このうち四点目については、「自力更生」の精神と反するだけでなく、他の国内経済とのバランスを無視して借款を重ねたことから、「大躍進」になぞらえて「洋躍進」と呼ばれ、おおむね批判的にとらえられている。しかし、構想自体は決して華国鋒の独創ではない。日中国交回復・日中平和友好条約が、日本の賠償支払いではなく長期的な日本の経済協力を掲げており、それは毛・周の末期から敷かれたレールであったことを考慮する必要がある。その後の改革開放も、基本的に同じ手法で経済の飛躍的な底上げを図ってきたことから、華国鋒を責めるのは酷であろう。

むしろ問題は、「何事も毛沢東の決めた通りに」という発想である。平等を実現したはずの社会の中で、相も変わらず「階級の敵」を発見し、打撃を加えなければならないという。そして、真面目に創意工夫に励めば「私利私欲にまみれた資本家の犬」と糾弾されるという。ならば、生き延びるための賢明な選択は、引き続き口を閉じて手を抜くことでしかない。

しかも、共産党が賛美する「自力更生」の事績は、あくまで宣伝用につくられたモデルでしかない。「農業は大寨に学べ」の大寨は、荒涼とした黄土高原を段々畑に変えて用水路を開くにあたり、人民解放軍の支援を受けていた。「工業は大慶に学べ」の大慶は、ソ連・米国との二正面作戦を強いられた中で石油を確保するための生命線であったことから、労働者は手厚く待遇されていた。そこで大寨と大慶の人々は、当然のように衣食住を保証され毛沢東に感謝していた。

日本の社会主義者や「進歩的知識人」は、その創られた虚像を「中国の普遍的な現実」と思い込み賛美していた。筆者も八〇年代、日本の学校教科書で大寨・大慶や人民公社という固有名詞を、プラスの意味で覚えさせられた。しかし現実には、中国の国家と経済は文革で崩壊の危機にあったのであるから、圧倒的多数の事業所や人民公社で働く庶民からみれば、誰が大寨・大慶のように働きたいと思うだろうか。

「民主」と「集中」……どうバランスをとるのか

本省冒頭で紹介した貧困農民の「反乱」は、以上のような文脈を踏まえれば完全に理解することができるだろう。そして中共の最高層においても、もはや毛の教条どおりでは中国を死の淵から救うことはできないと考える人々が猛反撃をはじめた。

その代表格こそ、改革開放初期の二大政治家・**鄧小平**と**胡耀邦**である。鄧小平は、柔軟な経済政策を旨とするあまり、毛沢東や四人組からたびたび失脚させられてきた苦心惨憺の経歴を持つ。胡耀邦も生粋の軍人・実務家として、中共の高級幹部育成の総本山である中央党学校の責任者の職にあり、鄧小平を理論面で支えた。

鄧小平や胡耀邦のみるところ諸悪の根源は、マルクス・レーニン主義に基づく党組織の根幹である民主集中制が、個人崇拝によってうまく機能しなかったことにあるという。その問題点はすでに第五章で詳しくみた通りである。

では、そんな中共の党組織を思い切って捨て去るべきか。鄧小平や胡耀邦はそこまでの判断はできなかった。なぜなら、内憂外患が余りにも深刻な中では、いま突然すべてを自由にしても逆に激しい混沌が待つのみであり、問題を理解する優れたエリートが危機を救う必要性はかつてなく高まっていたからである。そもそも、清末における中国ナショナリズムの父・梁啓超も、そのようなときこそ当面エリートに権力を集中し、次第に人々に自由と民主をもたらしてゆく「開明専制」が必要だと説き、儒学の素養を持つ多くのエリートに絶大な影響を及ぼしていた。国民党にしても共産党にしても、そのようなビジョンそのものまでは否定しない（国民党の「三民主義」におけるゴールは「憲政」であり、台湾に移った中華民国は李登輝元総統のもと、一九九六年の総統直接選挙でそれを実現した。共産主義社会は、人間性が限りなく解放され国家も消えた自由な社会である）。

そこで、これまで実践されなかった自由で民主的な雰囲気を、共産党の主導によって徐々に回復し、建設的な批判と合意を積み重ねることができれば、本来あるべき「民主」と「集中」のバランスを回復できると考えたのである。まずは共産党内でその気風をつくり（党内民主という）、時間をかけて党の外側・社会一般へと広げて行けば、労働者と農民の平等な国家だからこそ実践できる本当の民主と自由を世界に示しうるだろう……。

†思想を解放せよ！……三中全会と改革開放の幕開け

そこで鄧小平は、一九七八年一二月の極めて有名な演説の中で、次のように喝破した。

民主集中制が破壊されたため、党内には権力が過度に（毛沢東と特定の党官僚に）集中する官僚主義があった。この種の官僚主義は常に「党の指導」「党の指示」「党の利益」「党の紀律」という姿をとってあらわれ、人々は何事も自分自身では考えないようになった。是非・功罪・賞罰が不明であり、やってもやらなくても同じであり、極端な話、良くやったのに打撃を受けてきた。すると、何事も事なかれをよしとしてしまうようになる。ちっぽけな生産を習慣とする勢力が人々に影響を与えており、保守的で現状に甘んじ、発展と進歩を目指さず、新しい事物を受け容れることを願わない。（中略）

現在においては特に民主を強調しなければならない。なぜなら、過去の相当長い時間において、民主集中制が本当に実行されたとは言えないからである。民主を離れて集中ばかり語り、民主は余りにも少ない。……良い意見を敢えて語らず、悪い人物や悪いことに敢えて反対しないのであれば、どうして思想を解放し脳味噌を動かすことができようか。

中国の停滞、さらには崩壊の根本的な原因は、このような権力の集中にあり、今こそ人々をがんじがらめの中から解放せよと叫ぶ鄧小平の主張は、その直後に開催された三中全会（中国共産党第一一期中央委員会第三回全体会議）にて実を結んだ。ここでとりわけ強調されたのは以下の点である。
＊党と国家が計画経済の根幹を握るあまり、個々の企業や農民の行動を縛ってきたのを廃し、経営の自主権を大胆に与える。
＊批判や正しくない意見には適切に対応すべきで、圧迫してはならない。憲法が規定する公民の権利は必ず保障されなければならない。そのためには民主を制度化・法律化し、その安定性・連続性を保たなければならない。
＊毛沢東という歴史的問題をどう考えるか？　思想的行き詰まりや独占は亡国のもとであるので排するべきである。しかし毛沢東が中国革命を指導し、人民共和国を成立させた功績は否定できない。革命闘争の中で毛沢東が示した「実践によって真理を明らかにする」という発想自体は有効であり、その精神を今後発揮してゆけばよい。したがって、今後大胆に様々な試みを進めることも、毛沢東思想の活用にほかならない。
これは要するにどういうことか。毛沢東の死後、もし毛を全肯定すれば文革の持続になってしまう。逆に全否定すれば、依然として毛を神と慕う（悪いのは林彪や四人組だと思っている）多くの人々や、依然として党の利権に与っている多くの幹部の離反を招く。どちらかを通せば中共、のみならず中国全体の瓦解を招く。そこで、妥協を図って危機を切り抜けようとしたものとみることが出来る。「**毛沢東は功績半分・過ち半分**」である。さらに、文革までの不当な

弾圧による被害者の名誉を回復する代わりに、今後は暗い過去を振り返らず前を見て中国を発展させることを確認するため、一九八一年には「**歴史決議**」がなされた。

いっぽう、中国の現状にかんがみて引き続き「共産党の指導」を掲げながらも、同時にその枠の中で公民の様々な権利（言論・出版・デモなどさまざまな自由権を含む）を保障する「**八二年憲法**」が制定された。この憲法が、もしそこに書かれている通りに運用されるならば、今頃中国はそれなりに人権保障が行き届いた国になっていたかも知れない。しかし、そうなっておらず、今日の中国社会にはいよいよ不満が渦巻いているのはなぜか。この問題は、八〇年代以後における中国と社会主義圏そのものの大変動と切っても切り離せない。

†経済の過熱

こうして改革開放の幕が開けたものの、その道筋は一筋縄ではゆかなかった。何よりも、中国は余りにも巨大すぎる。政治・社会・経済の全体を取り仕切り計画をつくる党官僚（とりわけ地方の党官僚）と、個々の国営企業の党幹部との関係は、事実上**ボスと子分の関係**（**クライエンテリズム**）と化し、そんな上下関係の無数の積み重ねにしたがって資源が配分され、生産分が国家に納められていた。そして都市の国営企業で働く労働者は「労働者の国の中核」として、手を抜いて働いても平等に分配を受け、貧しく慎ましくともそれなりに衣食住を享受できていた。そんな既得権益に安住する人々が、すぐに国家衰亡の危機感とともに変わるだろうか。したがって、鄧小平や胡耀邦がまず取りかかったのは、従来の国営企業部門の外側にいる人々、とりわけ貧困にあえぐ農民や、ややもすればブルジョア扱いされて弾圧の憂き目に遭ってきた商工業者のやる気を引き出すことである。

そこで、本章の冒頭で紹介した農民たちの「反乱」が注目された。人民公社全体の生産計画を個々の農民に請け負わせ、やる気を出して計画オーバーを達成した農民には、その余りを自由市場で販売することを全面的に認め、創意工夫を大いに刺激することこそ、慢性的な貧困から抜け出す最良の策である。

こうして**生産請負制**が全面的に普及し、人民公社が所有する（実質的に国有に等しい）土地の使用権が個々の農民に分配された。存在意義を失った人民公社は一九八〇年代半ばまでにほぼ解体され、郷・鎮人民政府と村民委員会に再編成された（その代わりに、当時としては破格の年収一万元を超える「万元戸」が多数あらわれた）。また都市の住民は、「糧票」と呼ばれる配給切符がなければ安値で食糧を購入できなかったが、作物が市場に豊富に供給されるようになった結果、糧票は一九九〇年代初頭までに姿を消し、やがて中国は飽食社会へと変わった。

いっぽう工業はどうか。人民公社はたしかに個々の人間の創意工夫を妨げるシステムであったが、中国の経済が急速に息を吹き返すための置き土産として、全国に「社隊企業」をもたらしていた。人民公社は小規模な地方単位で工業・農業・商業・学校・軍事が一体化した共同体であり、それは「新しき村」の理想を体現しようとしただけでなく、第三次世界大戦を生き抜くためのゲリラ戦的組織でもあったが、そのために農業機械の維持管理を主な目的とする小規模な工場が末端の農村にもおかれた。これら農民が営む工場は、人民公社が解体されてしまえば、一般の国営工場とは違って手厚い保護を受けられず、自分たちで生き残るしかない。これが、一九八〇年代に中国経済復活の台風の目となった**郷鎮企業**の起源である。

こうした下からの動きと、香港・台湾・海外華僑華人などの資本が結びついた。中国は何よりも経済発展のために外国からの投資や技術協力を求めている。それは一方では、外国からの借款によるインフラや大規模な合弁企業の建設というかたちで展開しはじめたが、一方では零細な郷鎮企業も競争を勝ち抜くために投資や技術を求めている。そこで、祖先の故郷に錦を飾りたい華僑・華人と、各地の郷鎮企業、そして地元経済を盛り上げて自らの実績としたい共産党幹部の思惑がピタリと一致した。漢人社会持ち前の柔軟な同族・同郷ネットワークを通じ、破竹の勢いで非国営経済が盛り上がった。

†繰り返される腐敗

それは一面では、中国社会の長所をいかんなく発揮するものであった。社会主義計画経済一本槍の社会に活気を取り戻そうとするとき、中国でそれが速やかに実現し、ペレストロイカ（改革）後のソ連・ロシアでなかなか上手くゆかなかったのはなぜか。

一九九〇年代に中国・ソ連研究者のあいだで流行った比較「脱・計画経済」論に即していえば、まず創意工夫や金儲けの伝統が断絶した時間の違いは無視できない。中国は約三〇年であるが、ソ連は六十数年ということで、一世代をはるかに超える時間が流れていた。これに加え、目の前に香港・台湾・東南アジアの華人社会があり、彼らが既にアジアＮＩＥｓ（新興工業経済）として蓄えた資金力や技術力を存分に活用できた。毛沢東時代であれば、これら大陸の外側の華人社会とコネを持っていた人々は、ややもすると「裏切り者・資本主義の犬・階級の敵」扱いされて萎縮していたが、もはや何の遠慮もいらない。さらに中国では、計画経済の根幹である都市と工業が経済全体に占める比率が低く、それが逆に計画経済から脱する際に中国自身を身軽にした。加えて、文革までに中国の人々の倫理観が大きな打撃を受け、信じられるものはカネだけとなった。改革開放は、まさにこのような条件をフルに活かした大逆転であり、だからこそ鄧小平は「改革開放の総設計師」と讃えられる。

いっぽう、計画経済と国営企業そのものは、一九八〇年代において依然として続いている。旧態依然として国家に護られた工業と、圧倒的に立ち後れたインフラ（高速道路はなく、主要な鉄道も単線非電化が少なくなかった。電力も大都市ですら夜は真っ暗に近い）、金融はほぼ四大国営銀行（工商銀行・建設銀行・農業銀行、そして外為を行う中国銀行）が握っている状態、加えてこれら全てに利権を張った党官僚。八〇年代において、盛り上がりはじめた経済を支える条件は十分に整っていなかった。

このような中、新たに生まれた郷鎮企業や個人経営者が生き残りを図ろうとするならば、か細い経済インフラの中で何としてでも原材料・資金・販路を確保しなければならない。こうして限りある経済資源の奪い合いが猛烈な物価上昇につながり、過熱する経済についてゆけない多くの都市住民に不満がたまった。

そんな中、依然として経済の根幹を握っている党官僚には、便宜を求める商工業者からの賄賂が集中し、共産党は根本から腐り始めた。郷鎮企業・個人経営者だけでなく、党幹部にとってもカネこそ全てだからである。

†ブルジョア自由化反対論の台頭と日中関係の揺らぎ

これは要するに、共産党が絶大な権力を握ったまま、急激に経済的な自由の余地を広げた結果であり、発展と反比例して社会的な不公正が広がるという現象そのものである。

ここで、もし本当に鄧小平が「思想を解放せよ」「権力を分散せよ」「憲法に定められた公民の権利を保障せよ」と語った通りにするならば、激しい不満を抱く人々の動きが噴出することは止められない。

いっぽう、当時の共産党員の誰もが心から鄧小平の改革開放に賛同していたわけではなく、依然として計画経済を重んじる人々もいた。文革が失敗に終わった中国の惨状にかんがみて、経済の底上げと文革被害者の名誉回復によって共産党体制を立て直すことが必要であるという立場から鄧に従っているのみであり、平等な社会をつくる根幹は依然として、汚職と無縁で優秀な党官僚が合理的な計画をつくって指導することにある、と考えていたのである。したがって、資本主義の利潤拡大の論理で動く人々が増え、持てる者と持たざる者の格差が拡大し、党官僚も絶大な決定権を出汁にして汚職におぼれるという構図は、ブルジョア自由化がもたらす害悪にほかならないと考えた。

無神論の国における「善人の神」雷鋒（遼寧省撫順市・雷鋒紀念館にて）。

一九八〇年代半ばになると、このように考える保守派・左派は隠然と大きな勢力となり、党内で改革派と正面衝突し、たびたび「精神汚染批判キャンペーン」（多くの場合、毛沢東時代の「清廉潔白で人助けを愛する模範共産党員」として知られる雷鋒を持ち出し、職場などでその実績を学習させる）を展開するよう声高に叫ぶようになったばかりか、事あるごとに改革派指導者の問題点を揚げ足取りするようになった。

日中蜜月時代の指導者として中曽根首相（当時）と極めて親密な関係にあった胡耀邦総書記は、中曽根首相が一九八五年八月に靖国神社を参拝したこともあって保守派から猛攻撃を受けて翌年失脚し、中国国内のみならず日本でも大きな衝撃をもたらした。その背景にあるのは大まかに言ってこのような政治状況である（中曽根氏は自伝『自省録』で、中国国内において胡耀邦氏が置かれた立場を考慮して、以後の参拝をやめたと回顧している）。それまで日本の政府関係者の靖国神社参拝は余り大きな問題にならなかったが、対日国交回復に際して賠償金を取らなかったことへの不満と、現実に日本も含む西側諸国の対中経済関与により国営企業の製品が競争力を失ったことの不満、そして何よりも改革派が外国に妥協して労働者の国家を台無しにしていることへの強烈な不満により、保守派がこれ以後靖国問題に対する中共・中国政府の立場を厳しく問うようになった。

それは裏返していえば、鄧小平や胡耀邦は毛沢東や周恩来ほど、強力に異論を押さえて外交を取り仕切るようなリーダーではないことを意味する。意見の分裂がいつでも共産党そのものの路線闘争・権力闘争に発展するとき、最終的に共産党を保とうとするならばどうすれば良いのか。

†TVドキュメンタリー『河殤』の衝撃

もしそこで改革開放の精神を政策論議にも活かすのであれば、まずは共産党内で模範を示し、党内のみという限定はつくものの自由で活発な議論の中から妥協点を見出すという「党内民主」が第一歩となる。しかし、そもそも保守派＝左派＝計画経済中心派からみれば、それ自体が野放図な自由への妥協のはじまりである。こうして話し合いの土壌が熟成されないまま、経済がますます過熱し、党員の汚職・地方ボス化がいたずらに進んでいった。

そこで、都市のエリートを中心に少なくない人々が、これはもはや党内民主、あるいは民主集中制の健全化によって解決しうる問題ではなく、共産党体制を続ける限り本当の発展はありえない、と考えるようになった。そこで例えば、方励之・厳家祺といった高級知識人を中心に、完全な自由化・民主化を求める議論があらわれ、広い注目を集めていたが、とりわけ当時の中国社会に絶大な衝撃をもたらしたのが、中国中央テレビのドキュメンタリー『河殤《かしょう》』である。「河」とは中国文明のゆりかごである黄河、「殤」とは未成熟なまま早死にしてしまうことを意味する。

中国文明の未成熟な死！　その趣旨を筆者なりに要約すると以下の通りである。

＊そもそも中国文明は世界史上まれにみる早熟な文明であり、それ自体は人類の歴史に燦然と輝いている。

＊しかし、それが主に生み出したものは、儒学に象徴される上下関係の秩序と、それを極限まで強めた皇帝権力の専制である。多くの人々はこの秩序に対し受け身であったばかりか、同じような王朝交替の繰り返しばかりであった。

＊上は皇帝から下は庶民に至るまで上下関係に安住する結果、新たな挑戦や冒険をせず、逆に万里の長城に象徴されるように、自ら壁をつくって閉じこもった。

＊圧倒的な独裁者が権威を振るうばかりで、それに歯止めをかける制度、とりわけ法治がなかった。このため、人々が勇気と良心を発して社会を担おうとする希望を抱きようがないし、文革によって多くの優れた指導者が抹殺された。

＊このような文明が、開かれた万国競争の中で生き残ってゆけないことは明らかである。

＊したがって、黄色く濁った黄河も最後は世界に通じる青い海に溶けこむように、今や中国は古い文明に恋々とすることなく、世界文明の普遍的な流れ＝民主と自由の中に大胆に飛び込まなければならない。そうでなければ、中国は「球籍」、すなわち地球上における自らの地

位をも失うであろう……。

今や、党内の民主集中制すら字面通りに実践できない共産党体制こそ、中国文明の悪しき弊害を代表する存在であり、ただ徹底的な政治体制改革によってこそ世界との結びつきを保ち、国際的な尊敬を取り戻すことができるという。中国の運命を憂慮するエリートほど、『河殤』のメッセージに飛びつかないわけには行かない。

†六四天安門事件

以上の流れを念頭に置くならば、一九八九年六月四日に起こった六四天安門事件に至るまでの流れを理解するのは難しくないだろう。

その端緒は、同年四月の胡耀邦元総書記の死である。改革開放の行き詰まりと胡耀邦の失脚、および『河殤』の印象を重ね合わせていた人々は、その死を悼んで天安門広場に集まり、人民英雄記念碑に献花したのみならず、今こそ自由と民主が必要だという声を上げ始め、やがて天安門広場全体がさまざまな主張であふれる解放区となった。さらに、冷戦の終焉を象徴する一幕として、ソ連共産党のゴルバチョフ書記長が北京を訪問して中ソ和解を実現すると、ソ連におけるペレストロイカ(改革)を象徴する人物の訪中に、民主化運動の側はいっそう勢いづいた。

しかし、天安門広場の民主化運動は長くは続かず、六月四日に人民解放軍の武力によって鎮圧され、生中継の映像は全世界に衝撃を与えた。

この間、中共の政策決定は迷走した。当時の趙紫陽総書記をはじめ、共産党という組織が持つ宿命的な問題に気づいていた指導者層は、今こそ沸き上がる声を聞き入れて自発的な政治改革に取り組まなければならないと考えた。このような動きに対し、保守派は猛然と反発し、断固鎮圧を主張したことはいうまでもない。

一番判断に悩んだのは、恐らく鄧小平本人であっただろう。彼は共産党の総書記には就かなかったが、それを上回る実質的な最高権力者である中央軍事委員会主席であった。

ちなみに、なぜ中央軍事委員会主席が最高権力者なのか。それはマルクスやレーニンが説いたように、労働者の党は武装しなければ資本家とその国家を打ち破れないからであり、実際中共も武装することで生き延び、国民党に勝った。そして労働者の国家が出来てからも、裏切りに備えて党が武装し続けなければならない。中国人民解放軍はしたがって、今日でも中国の国軍ではなく、あくまで共産党の軍隊である。その指揮権を握る者こそが、中共と中国全体の命運を左右しうる。

そして鄧小平は、確かにさらなる改革の必要性を認めながらも、現状の中国は依然として貧しく、性急に無制限の自由を認めれば国論が分裂し、国家全体のエネルギーが大きく削がれてしまうことを恐れた。今後も引き続き共産党の力強い指導がなければ中国は生き残れない。今は、「西側」におもねって団結を阻む勢力を打倒しなければならない。鄧のみるところ、それが中国の「球籍」を保つ唯一の策であった。

第八章　高度成長は中国に夢をもたらしたか

†ソ連・東欧社会主義圏の崩壊と「和平演変論」

六四天安門事件は武力によって鎮圧された。しかし、それで本当に良かったのか。中国社会で不満が生じる根源である《価値を独占するエリート集団の独裁》という現実には何一つ手を付けないまま、中国は本当に国際社会からの尊敬を得られ、深く傷ついた歴史的自尊心を回復できるのか。ここから先、今日に至るまでの現代中国の歴史は、このような中国文明の根本問題をめぐる強行突破の過程である。

とりあえず六四天安門事件は外界から見て、ブルジョア自由化の傾向を断固許さない保守派の勝利であるように見えた。しかもその直後、ベルリンの壁崩壊に象徴される東欧社会主義圏の消滅という事態が起こり、さらに一九九一年にはあれほど強勢を誇ったソ連も崩壊したことで、中共はきわめて強硬な反応を見せた。その大略は以下の通りである。

*世界の現実は、ヤルタ体制以後の米ソ二強体制がゆるみ、多極化に向かっている。とりわけ、かつて連合国の敵であったドイツや日本の台頭は著しい。そこで勢いづいた「西側」資本主義国が、経済や文化など平和的手段で社会主義国や発展途上国の人々を惑わし、世界レベルで巨大な格差をつくりつつある。

*とりわけ彼ら「西側」は、計画経済や《共産党の指導》が魅力なきものであるように誤解させ、ついには労働者の国家を転覆させ、思い通りにこれらの国々を操るようになった。ソ連のゴルバチョフが進めたペレストロイカ（改革）は、このような「西側」の脅威に対し無防備にすぎた。

*「西側」がもたらす野放図な自由は、とりわけ多民族国家において危機的にはたらく。さまざまな民族がモザイク状に入り組んでいるユーゴスラビアは、チトーのカリスマ的魅力と平等によってまとまっていた。しかし今や各民族が「西側」の発展に憧れて自己の利益ばかり主張し（豊かなスロヴェニアやクロアチアが独立の急先鋒であった）、ついには深刻な内戦に陥った。ソ連も連邦制であったばかりに、構成共和国が勝手に独立し解体してしまった。多民

族国家である中国でも同様の崩壊が十分ありうる。

こうした「多元化の時代における西側陰謀論」を、中国では**「和平演変論**（平和的体制転覆論）」と呼ぶ。これはその後、一九九九年の駐ベオグラード中国大使館空爆事件を経て一層強まり、今日に至る中共の世界観の根幹を占めている。いま中共が掲げる「中国夢」がこの延長にあることについては、強調してもし過ぎることはない。

いびつな金満国家化を象徴するかのような、銅銭のかたちの銀行ビル（遼寧省瀋陽市）。

†南巡講話と爆発的な経済発展

では、「和平演変」に対抗するためにはどうすれば良いのか。

情報・交通インフラの飛躍的な整備により、グローバリズムの世界がはっきりと現れていた中、経済力だけでなく社会的にも文化的にも魅力を失ってしまった側は、結局のところ魅力のある側＝ソフトパワーを見習うことで自己を変革するしかない。それは政府が旗を振るという問題ではない。一般の人々・経済社会がそのような方向に動いて行く以上、政治もそれを受け容れて対応するしかない。

そこで『河殤』に象徴される中国文明衰退論や民主化運動の側は、中国も思い切ってそのような現実に対応し、グローバリズムの中の開かれた国家たれと主張した。しかし、これでは共産党、とりわけ鄧小平としては困る。六四天安門事件以後一時的に盛り上がった保守派の計画経済復活論では、もはや国力を盛り立てようもないことは、七〇年代までの苦渋の歴史から明らかである。とはいえ、計画経済と同時に共産党まで捨て去って良いのだろうか。

むしろ鄧小平をはじめ中共の見るところ、今や世界は主要な列強がひしめき合い互いにしのぎを削る混沌とした状態であり、ソ連は崩壊し、米国すらかつてのような圧倒的超大国ではない。一九九一年の湾岸戦争で、米国はたしかにハイテク兵器の威力を見せつけた。それでも、ソ連なきあとの米国が完全に中東をコントロールできているわけではないことも露呈した。したがって中国としては、圧倒的なパワーが不在となりはじめた冷戦後の世界において、新たな大国の座を目指せば良いことになる。実際、ソ連崩壊の衝撃からほどなくして、「中国は世界の民族の林で屹立する（頭一つ抜きんでた圧倒的大国になる）」「中華民族の偉大な復興」という表現が現れ、官製メディアで一般的に用いられはじめた。

では、まさに「西側」資本主義国が勢いづく世界の中で台頭するにはどうすればよいか。既に八〇年代以後、少しずつ市場経済を導入し、競争原理を認めることで、人々にやる気が出ることが分かっている。そこで今こそ、共産党の主導でさらに市場経済を拡大すれば良い。その方法と論理は、大略以下の通りである。

＊思い切って外資や外国技術をいっそう導入し、外国に中国の市場を開いて大いに利益を得させればよい。改革開放は一〇〇年揺るがないとはっきり示せば、外国資本も突然の国有化や計画経済への逆戻りという心配を抱くことなく、安心して中国に投資するだろう。

＊これによって一時的に中国の国有企業が競争力を失うかも知れない。しかし、陳腐化した工場は閉鎖し、労働者には競争力のある業種・企業への転職を促せばよい。競争力を得た企業・工場は、外国資本との合弁や技術導入によって生き残り、中国を代表して世界市場に打って出ればよい。

＊国防とからむ戦略的な産業についても、株式会社化によって競争を促しつつ、党・国家が引き続き保護育成する。

＊経済発展のためには、脆弱なインフラを一気に整備しなければならない。そのためには、日本をはじめ先進国から多大な援助を得ればよい（実際に九〇年代、日本の莫大な援助によって鉄道網が整備され、内陸部の石炭をすみやかに沿海部の発電所に運ぶことが可能になり、電力の極

端な不足が緩和され、外資の大規模進出が可能になった)。そのためには、六四天安門事件以後冷え切った「西側」との関係を改善しなければならない。その手がかりとして、一九九二年の日本天皇訪中を成功させ、日本の対中感情が改善すれば、さらに日本が「西側」各国の対中関与を促すことになり、この算盤は合う。

*もちろん、中国自身も発展のための資金を用意しなければならない。そこで税体系を、地方に厚く国家に薄いものから(財政請負制)、国家の取り分が多い付加価値税中心に改める(分税法税制)。いっぽう、財源が減る地方は地方で、自ら主導して外資や国内有力企業を誘致して**開発区**を拓けばよい。それによって地元を豊かにし、国家全体に貢献せよ。

*開発区を速やかに整備するために、集団(村民委員会)が所有し、個人が使用権を得ている農地について、転用を容易にする。また、必要な労働者については、貧しくとも平等な労働者の国家の象徴として「ゆりかごから墓場まで」を保証していた「単位(職場が同時に衣食住を包括していることを示す)」制度を解体し、労働市場を柔軟にする。また、人が余っている農村に、もはや農民を縛り付けることはせず、都市・開発区への出稼ぎを進める。それによって農民にも先進的な事物に触れさせ、将来内陸・農村を開発する際の原動力にする。

このような一大デザインを描いた鄧小平は一九九二年の新春、かねてから対外的に開かれた市場経済の実験の地・広東省深圳を訪れ、こう喝破した。

上海の浦江飯店（アスターハウス・ホテル）。19世紀半ば、上海租界初の豪華ホテルとして開業し、世界中の有名人が宿泊したが、毛沢東時代に外国船員用として安宿化され、改革開放初期には中国を旅行する日本人の若者の常宿となっていた。ここで1990年代初頭、上海証券取引所が復活し、社会主義市場経済の試みが模索されていった。

改革開放はもっと大胆にやれ。何事も敢えて試せ。纏足女のような歩き方では駄目だ（そのまま直訳）。敢えてやってやろうという精神がなければ新しい道、新しい事業は開けない！

これが有名な「南巡講話」の一節である。誰が何と言おうと、中国の経済発展、そして大国を目指す力強い台頭のためには、市場経済か計画経済かに関係なく、有利なことを何でもせよ、ということである。「白猫でも黒猫でも、鼠を捕る猫はみな良い猫である」と説く実用主義者・鄧小平の面目躍如といえよう。

†「中国の特色ある社会主義」の論理

それでは、計画経済にこだわる保守派に対し、鄧小平や経済改革派はどう説明したのか。

＊資本主義国の経済運営においても、市場経済と国家の計画・関与の組み合わせがある。その典型的な例が、政府・官僚の業界に対する指導をあわせ持つ日本である（中国は日本経済のありかたを常に綿密に研究している）。ゆえに社会主義国の経済運営においても、計画と市場の組み合わせがあって良い。

＊そもそもマルクス主義は、経済＝下部構造をより高めて、政治・社会・文化＝上部構造を変えて行くための理論である。ソ連や毛沢東の誤りは、経済が成熟していないにもかかわらず、強引に上から経済システムを改めたことにある。今や、中国は先進資本主義国よりも貧しい経済であることを率直に認め、生産力を少しでも高めて、最低限の衣食住（温飽）を保証し、ほどほど豊かな生活（小康）を目指さなければならない。こうして社会が整い、教育が行き渡ることで、はじめて富強の道が開かれる。**経済発展こそ絶対的価値である**（経済発展是硬道理）。共産党の存在意義も、中国を富強に導くことを第一とする。

＊マルクスの筋書きでは、高度な資本主義の発展のあとに社会主義段階がやって来る。そこで、中国が資本主義国よりも経済的に「おくれた発展段階」にあることを認めれば、中国は社会

主義国であることを止めなければならないのではないか。その必要はない。なぜなら、政治的には《共産党の指導》が確立されており、市場経済的発展を取り込みながら社会主義の理想を目指すという方針が共有されているからである。

＊それゆえ中国の現状は、市場経済的発展を《共産党の指導》のもとで行う**「社会主義初級段階」**である。本当に中国が富強を実現して国際政治で大きな立場を占め、国際社会（＝世界を覆う上部構造）を中国の主導でより公正なものに改めるようになるまで、この《社会主義初級段階》は続く。毛沢東時代の「高度な社会主義社会を実現した」という看板は、現実に合わないので下ろす。

こうして鄧小平や彼のブレーンたちは、マルクス主義の解釈そのものを都合良く変えてしまった。このような、**あくまでナショナリズムの論理に則って、中共が半永久的に中国を導く（そして世界を導く）という発想を「中国の特色ある社会主義」という。**「人間性を狭い枠に縛る国家を死滅させるために社会主義国をつくる」とうたったマルクスやレーニンが聞けば、恐らく卒倒することだろう。

†金満中間層を共産党に取り込め

この結果、中国文明を常に自ら不幸に陥れてきた《価値を独占するエリート集団の独裁》は何一つ変わらないまま、世界史上空前の爆発的な経済発展の幕が切って落とされた。「無限の未開拓市場・中国」に夢を見た世界中から莫大な資金が流れ込み、今から二〇年以上前は平均的に貧しかった中国の風景の中に、先進国をはるかに上回る金満・贅沢が忽然と出現した。

すでに毛沢東時代に社会倫理は大打撃を受け、信じられるのは往々にしてカネの論理だけとなっている中、共産党のいう通りに市場経済に狂奔すれば、中国社会における一定の地位と富を得られるのであるから、敢えて《共産党の指導》を批判する必要がどこにあるのだろうか。一気に出現した二億〜三億人の中間層は、当初このように考えた。

一般的に、独裁国家で経済発展が起きると、豊かになった中間層は独自の利害を持ちはじめ、独裁権力の主張を黙々と受け容れるのみでは満足しなくなる。それがやがて民主化運動に結びつき、最終的には多くの国で権力と運動の両者が妥協して民主化・自由化が実現する。しかし中国ではなかなかそうならない。中共が中間層にもたらしたうま味が大きすぎるからである。

中共も、六四天安門事件の教訓をもとに、このような都市の中間層が将来自らに反対する勢力となるのを防ぐため、そして何と言っても優秀な教育を受けた中間層を党内に取り込み、権力のうま味を与えて協力させるため、大卒者を中心とする入党工作に奔走するようになった。そこで、中共は「貧しい労働者と農民の党」から「ナショナリズムを担うエリートの党」へと急速に脱皮していった。

中共は二〇〇〇年に「三つの代表」論を掲げ、党規約に「中国の最も先進的なものを代表する党である」と書き加え、彼ら中間層の立場を優遇するようになった。その代わりに、経済発展から取り残された貧しい労働者や農民が、次第に格差社会の最下層に位置づけられるようになっていった。

「西側」の「和平演変」に対抗しようとする「労働者の党」が、いつの間にかイデオロギー操作を通じ、労働者と農民を置き去りにしたエリートの党へと「和平演変」していったとは、何とも奇妙で皮肉な話ではないか。

†激化する矛盾

しかし、それでうまく行くはずもない。多くの農民は出稼ぎの低賃金労働者として都市・資本・国家のために労働力を提供し、低賃金労働にあえぐのみならず（それこそがグローバリズム時代における中国高度成長の秘訣であった）、都市にいながらにして都市住民と同じ福利厚生を得られないという苦痛に直面した。その原因は、すでに第五章で説明した都市戸籍と農村戸籍の違いによる。かつて農民は、毛の社会主義工業化のために過剰に収奪されたのみならず、今や「沿海部や都市が先に豊かになり、その恩恵を地方と農村に及ぼす」という「先富論」の美名のもと、都市に労働力を提供して従属することになった。

ただ、中国の農民は現実主義者でもある。農民として生まれた立場は仕方がないと割りきり、何とか故郷に錦を飾ろうと奮起し、あわよくば工場労働で得たノウハウを活かして起業し成功しようとする。これもまた中国社会の活力の一面である。

とはいえ、農民にはそれ以上に耐えがたい苦悩が待ち受ける。開発区を広げるために、地方の党幹部は農民から二束三文の補償金で土地の使用権や住居をとりあげ、不動産業者や進出工場から莫大な口利き料を受け取る。さらに党幹部は、進出企業の環境汚染について、進出企業が少しでも高い利益を上げて税収に貢献するように、そしてそのことが自らの政治的上昇のための得点となるようにするため、見て見ぬふりをする。こうして中国の農村には、党幹部の汚職や横暴と凄まじい環境汚染が同時多発的に蔓延していった。もちろん、都市の開発においても全く同様の問題がある。

土地は本来すべての人民のものであり、事実上党幹部が人民を代表してその利用を決めるという原則が、転じて土地転がしの錬金術の手段となり、汚職と汚染の地獄絵図を描いているのである。

土地利用をめぐる諸問題に業を煮やした人々は、最後の手段として北京＝中央にある直訴受付機関に訴える（上訪という）。この機関・制度は、地方レベルで解決しきれない問題について、最終的に「正しさ」を体現する中央政府や最高人民法院が聞き届けて考慮・解決する、という趣旨による。しかし地方の不正党幹部にとっては、中央が直訴を受け付けること自体、自らの党内昇進を不可能にする一大事である。だからこそ、暴力沙汰に訴えてでも直訴者を連れて帰ろうとする。完全に活路を失った人々は、最後は実力行使に訴えるしかない。全国で年間一〇万件を優に超えるといわれる民衆の実力行使（群体性事件）はこうして起こる。

こうして誰の目にも、中国全体を覆う凄まじい不正や環境破壊が明らかになると、さすがに都市のエリート・中間層のあいだでも、中国社会の将来に対する不安が生じずにはいられない。そこで『南方都市報』や『新京報』といった新興メディアが社会に潜む矛盾を描き出して注目を集めたのみならず、爆発的に拡大したネット空間の中で現状批判をする人々が多数あらわれた。さらには、『零八憲章』や「新公民運動」が象徴するように、徹底的に透明な法治社会を求める動きが高まった。しかし中共は、それが必然的に巨大な権力のピラミッドを壊すことにつながること、そして中共が瓦解して混乱が起これればさらなる発展と「大国の夢」も吹き飛ぶことから、このような動きに対して執拗な弾圧を繰り返している。

†「和諧社会」という名の不協和音

胡錦濤政権が掲げた「和諧（調和）社会」なる表現は、以上の矛盾を覆い隠しながら、今こそ全ての共産党員が不正と手を切って道徳心に満ちあふれた態度を回復し、共産党の一党独裁を続けることこそ、「社会の安定」と「中華民族の偉大な復興」のために必要だと言わんとしたものである。そして、優秀なエリートが調和ある社会を実現するシンボルとして、こともあろうに中国文明の沈滞をもたらした張本人である孔丘と儒学を祭り上げつつある。

その奇妙な象徴が「孔子平和賞」の創設である。中共は、仏教と調和した近代化や自らの政治的意見が尊重されることを願うチベットの人々の背後にいるダライ・ラマ一四世や、『零八憲章』の起草者である劉暁波氏にノーベル平和賞が授与されたことへの不満からこの賞を設けた。中共は、国内の諸問題の解決を通じた自らの国際的名誉の向上を目指さないどころか、かねてからロシア国内で強権政治をふるっていたプーチン首相（当時）にお墨付きを与えることまでしたのであるから、あたかもこの「孔子平和賞」は、力を持つエリートが国家を強権でまとめ、現状を自らに都合良く変更することこそ、あけすけな上下関係による「国際平和」の礎であると言いたいのであろう。果たせるかな、その受賞者であるロシアのプーチン大統領は、ロシア系住民の保護と称してウクライナ領のクリミアをロシアに編入し、同じ手法が世界各地で繰り返されて国際情勢が著しく不安定化しかねないという前例をつくった。

それはさておき、果たして汚職と相互不信・拝金主義に陥った中国を、孔丘を祭り上げたエリートの支配が救いうるのか。筆者の見解はもちろん否である。

とりわけ筆者は、福沢諭吉『文明論之概略』における徹底した「徳治」批判を思い出さずにはいられない。福沢曰く、道徳心は人格の涵養にとって重要だが、あくまで内心の問題に過ぎず、外から縛る規範としては馴染まないという。そして、道徳の支配を表向きひけらかす偽君子が権力につき、現実に人々を苦しめるのが定めであるという。「和諧」の名の下で共産党員が強権を振るい、格差が拡大し、偽君子となっている状況は、福沢諭吉の鋭い指摘を実証する見本のようなものである。

もしそこに、権力の濫用を監視し人々を保護する法・制度が機能していれば、決してこのような事態にはならない。一部のエリートが権力を独占したまま、半ばやみくもに金もうけに走った結果、ナショナリズムが最も護るべき人々と土地を傷つけている。

これはまたしても、中国文明が自らを傷つけるようなものである。中国のネット上で「和諧」といえば、「社会の安定を乱した」という罪状による記事の即削除や弾圧を意味する隠語として用いられているのは、この逆説を浮き彫りにするようなものである。

†うごめく新左派と薄熙来事件

中共は毛沢東と計画経済の失敗に見切りをつけ、グローバリズムの時代にうまく乗ることによって、国内総生産レベルで中国を世界最貧国から米国に次ぐ超大国に「大躍進」させることには成功した。それによって、彼らの歴史的な傷、すなわち「世界に冠たる古くて長い文明でありながら、なぜ列強、とりわけ日本にやられたのか」という負い目をある程度癒すことができた。

その一方で、なぜ彼らが「共産党」を戴いているのか全く分からないほどに、中国の現実は平等な社会とはほど遠い。今や徹底的な民主化・自由化を望む人々がおり、あるいは今すぐそこまで行かなくとも、法治の徹底と民衆の政治参加の拡大によって、共産党員や公安など権力の野放図なやりかたに制約をかけることを望む人々（新公民運動）が一方にいる。

その一方、新左派と呼ばれる人々が急激に台頭し、貧しくとも平等だった毛沢東の時代の方がまだましであったと主張する。しかも、野心的な政治家が彼らを動員して恐怖政治まがいの反汚職キャンペーンを展開し、ライバルを打倒しようとしている。重慶市党委員会トップにして中央政治局委員であった薄熙来はその代表格である。

薄熙来は、低所得者向け住宅の建設や農民の都市移住推進など貧しい民衆への福利厚生に努めるいっぽう、毛沢東時代を懐かしむ気運に応じて「紅歌運動（毛を賛美する革命歌を歌う運動）」を起こし、自らのイメージを毛沢東に重ね合わせた。こうして、自分とは誰も対抗できない雰囲気をつくり出したうえで、汚職への取り締まりを表看板としつつ敵対勢力をことごとく弾圧する「打黒運動」を起こし、多くのライバルを刑場に送った。

そんな薄熙来も、英国人実業家の謎の死がからんだ事件で逮捕され失脚した。中共が敢えて、将来の指導者との呼び声も高かった人物を政治的に消したことの背後にあるのは何か。それはすなわち、薄熙来が繰り広げていた毛沢東を担ぎ出す政治が、折からの凄まじい社会矛盾と結びつくことで、現在の中共そのものや富裕層を打倒しようとする動きを引き起こし、中国全体が文革と同じような大混乱に陥りかねないという恐怖感である。とはいえ、すでに見た「三中全会」と「歴史決議」で、毛沢東は功罪半分と位置づけられ、毛沢東が立役者となった共産党組織を引き継ぐことにして今日まで至っている以上、彼ら新左派が現在の党中央を攻撃するのを完全に押さえつけるわけにもゆかない。

†最後に頼る歴史とナショナリズム

要するに、現在の中共の政治体制は、もはやいかなる方向に向かうこともできない。中共自身にそれを本質的に変える力も発想も見られないため、今の矛盾を抱えたまま突っ走るか、あるいは危機管理に失敗して挫折するしかない。

とはいえ、一歩誤れば崩壊を余儀なくされる体制であることが分かっていて、実際に自らを自殺に追い込む集団はない。最近の中共は事あるごとに、党員に向けて危機感を高めよと説いている。彼らが選択するのは、本当に勝算があるかどうか分からないものの、とにかく現実に辛うじて成功し、今後も可能性が残されている争点にまっしぐらに向かうことしかない。

その一つは、習近平政権になってからの、中央政府の強権による徹底した反汚職の締めつけである。薄熙来のような党内分派をつくりかねない人物が、勝手に反汚職キャンペーンを展開すれば、政治と社会が混乱する。それを防ぐためには、党中央自身が先回りしてその役割を徹底的に演じればよい。

もう一つが、中国ナショナリズムの理想……「中華民族の偉大な復興」を旨とする「中国夢」である。

既に中共は、計画経済の失敗を悟り大胆な市場経済化に踏み出した頃から、彼らに残されたもう一つの価値、すなわち共産党は日本をはじめ帝国主義列強と闘ってきた愛国の党であることを強調してきた。そして、中国近代史の屈辱と愛国の闘いを学ぶことによって、いまそれを担う中共を全面的に支持せよと説いてきた。これがいわゆる「愛国主義教育」である。

もちろん、これは諸刃の剣でもある。もし本当に中国近現代史の諸問題を正確に掘り起こすならば、ナショナリズムと共産党そのものにも大きな問題が山積していることが誰の目にも明らかとなってしまう。ひとたび蓋を開ければ、現在進行形の格差や矛盾と合わせて、収拾のつかない大論争となってしまうだろう。したがって、中共自身の問題、とりわけ人民共和国史と毛沢東をめぐる問題は、出来るだけ曖昧にしなければならない。毛は功罪半分とした一九八一年の「歴史決議」を、何人たりとも踏み越えてはならない。

だからこそ、「日本の軍事拡張と、それへの抵抗」というストーリーは、気兼ねなく扱いやすいテーマとして無制限に強調されやすい。その結果、急速に増大する国力への「自信」と相まって、現在の問題として日本に打撃を与え、徹底的に従属させよ、という議論に結びついてしまう。筆者は、日本の戦前の中国政策が中国人の意に沿わないものであった以上、それは誰が何と言おうと侵略であることは認めなければならないと考える。しかし、かつて侵略を受けた側が仕返しとして「いま」日本を侵略し、あるいは日本を徹底的に中国に従属させよと主張することに対しては、日本と中国がともに対等な独立国として尊重し合うことこそ平和の基礎であると信じるからこそ、決して座視できない。

†新・華夷秩序に抵抗せよ

愛国主義教育によって焚きつけられた「急激に発展した中国が国際社会から正当に評価されていない」という不満、そして八方ふさがりの国内矛盾による不満や不安を何とか強行突破したいという願望。これが現実の中共の国際戦略における「核心的利益（とされた領土）」の確保、日米安保体制をはじめとした中国包囲網の突破、さらには米中両国が「新型大国関係」を結んで太平洋の東西をそれぞれの勢力圏とするという構想と結びついて、中共と過激なナショナリズムが相互に馴れ合っているのが現状である。

そこで中共が、戦略の第一歩として自らの従属下に置こうとしているのが日本である。尖閣問題は島そのものが問題なのではない。「日本が侵略している」と言い立て、日本は第二次大戦の勝者である中国に従わず「戦後秩序を守らない世界のトラブルメーカー」であると中傷することで日本の国際的地位を押し下げ、そのうえで堂々と太平洋に風穴を開け、中米の当面の大共存を実現しようという戦略の一環なのである。日本が屈服すれば、あとはアジア諸国に一対一で従属を迫り、「中国を中心とした真に平和で公正な国際秩序」をつくれば良いという。

これは、二一世紀における純粋な上下関係の国際秩序、すなわち新・華夷秩序と呼ぶべきものである。これこそが中国文明の復興であり、「中国夢」の目指す理想の境地である。

しかし、それは帝国主義国家のそれと一体何が違うのか。あらゆる帝国主義国家は「文明と平和のため」と称して侵略を繰り返し、従属を強いた。それと同じことをしたいだけに過ぎないのではないか。それは長い目で見て中国の名を汚す行為に過ぎない。日本国民が真にかつての侵略戦争を反省し、世界中の人々と開かれた自由な関係を結ぶ中で通商国家としての尊敬を受け続けようとするならば、最も抵抗するべき対象はこのような権力なのである。そして、中国の多くの人々が、やみくもな反日には決して荷担せず、今や法治と開かれた社会を求めて次第に認識を新たにしつつあること（それこそが中国文明に新たな生命を吹き込む本当の「中国夢」であるはずだろう）に側面から声援を送ることが大切であろう。

終章 尖閣問題への視点

†日中関係の棘

二〇一〇年に尖閣諸島近海で起こった漁船衝突と、二〇一二年の日本政府による尖閣国有化という出来事をきっかけに、中国は日本に対し、尖閣諸島が自国領であるという強硬な主張を繰り返し、公船の領海侵犯や防空識別圏の設定などを通じて緊張を引きおこしている。そして国際社会に対し「日本の釣魚島強奪がいかに不当か」を宣伝している。

なぜこのようなことになったのか。それはすでに本書を通観して頂ければお分かりの通り、単に島そのものの領有をめぐる問題なのではない。中国という文明と国家が歴史的に受けてきた傷を癒し、自らの理想＝中国を中心とした上下関係に沿って世界をつくりかえようとする戦略の足がかりなのである。

そこで最後に、当面の日中関係における最大の棘となっている尖閣問題について、近現代における日中関係の構図が形づくられ、中国の日本に対する愛憎のきっかけとなった一九世紀末までさかのぼって問題点を整理してみたい。

もともと尖閣諸島は、琉球と清の両者がともに知る存在であった。しかし、誰も支配・管理していなかった。日本政府は、一八九五年一月に国際法上の「先占」理論に基づいてこれらの無人島の管理を始め、以来一貫して日本の国家主権（戦後、沖縄の本土復帰までは米国の施政権）のもとにあり、中国も含めてその事実を長年にわたって認めてきたとする。

日本はこの領有によって、自国の境界を明確にして国家主権を確定するという幕末以来の課題を、東シナ海を取りまく海域において成しとげた。

いっぽうこれは、今日の近代中国ナショナリズムからみれば、国際法の論理、あるいは西洋文明の論理を十分身につけていなかったがために、いつの間にか近海の島と海域に対する利益を失ってしまったことを意味する。そこでこの問題は、中国文明の西洋文明（及びその「模範的な学生」である日本）に対する屈辱の象徴ということになってしまう。

那覇・首里城から望む東シナ海。

†「文明」と「先占」

とくに今日の中国は、まさに日本が領有開始にあたって掲げた「先占」の論理、そして当時の国際法の現実を認めたくない。

近代国際法は、国の大小にかかわらず相互に尊重しあうことを原則とする。これは一見、小国にとっても有用なものである。しかし、国際法の歴史には暗い側面もある。列強がひしめいていた時代、国際法がその担い手として想定していたのは、西洋文明を身につけた国または集団である。逆に、西洋文明を身につけていない人々が住む土地は「文明を未開の暗黒の地にも及ぼす」という「使命」によって植民地化されてしまった。

そこで植民地の人々は、西洋文明からみて対等な存在として認めてもらい独立国となるために、長く辛い闘いを経なければならなかった。日本の場合も、江戸末期・明治時代の国内法が「文明の基準」を満たしていないとみなされ、不平等な条約を強要されたため、その解消のためにさまざまな努力を経なければならなかった。

とはいえ、いったん西洋文明の論理を受けいれ、国際法を身につけた独立国と認められれば、日本を含めどんな国も、自らと「未開」との間にはっきりと線を引く。さらに日本は、西洋文明の恩恵をアジアの「未開」へと拡げる旗振り役となったことは否めない。こうして、西洋からみれば「おくれた」国であった日本も、植民地・勢力圏を保有する帝国主義国家へと変わった。

いっぽう、近代国際法が「文明の拡大」という観念と密につながる結果、もう一つの作用として、「無主」の土地に対する「先占」が認められている。「無主」とは読んで字のごとく、誰によっても管理されていないことを意味する。したがって、そこには「文明」はおろか、「野蛮」も及んでいない。西洋文明の側に立つ国がこのような土地を見つけ、平和的に支配を始め、その事実に対して誰も抗議しない状態が一定期間すぎれば、その土地に対する「先占」が事後的に認められ、国家主権が確定する。

†「分島・改約」問題

日本が尖閣諸島に対して主権を行使するのも、この「先占」の論理による。先述の通り、もともと尖閣は誰も管理しておらず、「誰もが知っているけれども、どうでもよい」という状態であった。しかし、一八七九年に沖縄が日本の一部分となった結果、その先にある尖閣諸島の位置づけを明確にする必要が生じてくる。誰も管理していない土地がこの世にある限り、遅かれ早かれこの島々は周りを取りまく権力どうしの争いの種になる運命にあったといえよう。

その具体的なきっかけは、一八八〇年代初頭における、宮古・八重山諸島の帰属をめぐる問題である。

当時日本の首相であった伊藤博文は、清国における内地通商権（日本人が中国で自由に商業活動をする権利。欧米人には認められていた）を得るため、宮古・八重山諸島を清に割譲する「**分島・改約**」提案をした。清は、日本が一方的に琉球王朝を廃して沖縄県を設置したことに猛反対であり、土地と引き替えの通商要求で日本に自国内での便宜を与えることには絶対に応じようとしなかった。しかし当時の清は、西方の新疆＝東トルキスタンをめぐってロシアと対立しており、二正面作戦を避けるために日本と妥協し、伊藤博文の提案を受け容れかけた。琉球王室の関係者を宮古・八重山に住まわせて朝貢させれば、「天朝」の面子も立つのではないか、という思惑も働いた。ところがその直後、ロシアとの対立が交渉によって解決したことから、手のひらを返したように伊藤の提案を拒否し、宮古・八重山も日本領であることが確定した。その先、石垣島の北東にある無人島の尖閣については、日本政府は朝鮮をめぐる日清対立のさなかにも慎重に現状調査を進め、日清戦争で日本の絶対有利が明らかになった頃合いをみて、平和裏に「先占」を開始した。

†中国による尖閣＝日本承認史

この点について、清・中国は長年にわたり抗議しなかった。したがって、「先占」は十分成立する。詳しくは日本外務省公式ホームページに譲るが、日清戦争の講和を取り決めた下関条約（中国では馬関条約と呼ばれる）において、日本は清に朝鮮の独立を認めさせ、台湾・澎湖諸島（台湾と福建省の中間にある）・遼東半島の割譲を清に受け容れさせた（遼東半島はロシアを中心とする「三国干渉」の結果放棄した）。いっぽう、尖閣諸島を含む沖縄の帰属については論点にすらなっていない。

その後、清の国家主権を受け継いだと主張する中華民国は、尖閣諸島に日本の漁民が一時期住んでいた事実に対して抗議しなかった。さらには、自国民が尖閣諸島近海で遭難した際に日本の漁民が救助したことに感謝状を発してもいる。中華人民共和国となってからも、中共は自らの機関紙『人民日報』の一九五三年一月八日付記事で、「尖閣諸島は琉球群島に属す」として、自国領ではないことを明確にしている。さらに、一九五〇年代末に高等教育機関に配備した『中国地図集』においても「魚釣島・尖閣群島」と日本名で明記している。

しかし、尖閣周辺における石油の埋蔵が明らかになった一九七〇年頃から、中国は突然従来の態度を一変させた。

†台湾の曖昧戦略

この点まだ、台湾に逃れた後の国民党政権の方が、琉球群島＝沖縄の帰属を地図などで曖昧にし、暗に一九世紀後半の経緯に関して不満をほのめかすという「継続性」があった。実際、台湾にある中華民国政府は、東京に実質的な外交機関である「台北駐日経済文化代表処」を置いているのに対し、沖縄には日本復帰後も二〇〇七年まで「中琉文化経済協会」を置いていた。

もちろん、現実の台湾と沖縄の関係は、沖縄における日本の国家主権を前提としたものである。「中琉文化経済協会」は二〇〇七年に「台北駐日経済文化代表処那覇分処」と改称されたし、二〇一三年には、尖閣の近海に関わる日台漁業協定において、台湾側は日本政府が対話の相手方であることを承認した。

もっとも、台湾がこの漁業協定によって「釣魚島に対する主権」主張を放棄したわけではない。それでも、この漁業協定の締結と発効は、具体的な漁業ルールが確定するまえの見切り発車であったという問題もあるものの、尖閣諸島を実効支配する日本政府の主導に台湾も呼応した点で大きな意味があった。したがって、今後ルールさえ整備されれば、海を介した日台共存に資することだろう。日本は漁業資源について一定程度台湾に譲って主張を固め、台湾は実利を取ったということになる。

†主権をめぐる衝突を解決・緩和するためには

前近代における曖昧な空間を、近代国際法の厳密な論理でとらえようとすると、必ず主張のぶつかり合いとなる。とはいえ、いったん主権国家として「先占」し、長期間有効に支配してきた側としては、「相手方も国際法にのっとって動く主権国家であるならば、国際法に従い対話のテーブルにつくよう願う」としか言いようがない。いっぽう、新たに主張を始めた側としては、自らの主権国家としての体面ゆえに引っ込みがつかない。この堂々めぐりを避けるためには、主権国家としての原則とは別に、交渉を通じて実利を共有するに越したことはない。あらゆる紛争はこのような道筋を経た場合のみ妥協・緩和に至る。

もう少々問題がこじれた場合には、国際司法裁判所に提訴するという選択がある。もちろん、実際の裁判に至るかどうかは、相手方が提訴に応じるかにもよるものの、国際法を互いに遵守し、二国間の関係をなるべく良好に保ちたいと願うのであれば、この方法に委ねるのが最適である。

それを望まずに対立をエスカレートさせたいのであれば、その背後には必ず別の意図、すなわち対立を梃子にして、国際政治において自らの相手国に対する立場を絶対的に強めようという意図がある。韓国が、竹島（韓国名は独島）について、現実には自国が支配しているにもかかわらず、意図的に日本の攻撃性を騒ぎ立てるのはなぜか。ナショナリズムの気運を高め、他の問題から眼をそらさせようということはあるだろう。加えて、「軍国主義の野蛮国」日本の国際社会における地位や評判を下げて自国が道徳的に優位に立ち、尖閣・歴史問題で日本と対立する中国と「共闘」することで、「将来の超大国・中国と最も近しい国」という「誰もがうらやむ位置」を占めようという、「中国文明世界の優等生」らしい発想があることは否めない。

†波紋を巻き起こした『人民日報』論文……「釣魚島は台湾の一部分」

話を本題に戻せば、尖閣諸島をめぐる中国のやりかたは、台湾に遠く及ばない。もし中国が島の帰属に問題ありと考えるならば、国連常任理事国らしく国際司法裁判所に提訴するべきであろう。

しかし中国はそうせずに、二〇一二年九月以来、中国共産党の機関紙『人民日報』や、その子会社である国際情報タブロイド紙『環球時報』を中心に、何が何でも日本人を震えおののかせ、中国の主張に全面的に従うよう強調してきた。これは一体何を意図しているのであろうか。

そこで一例として、二〇一三年五月八日に『人民日報』に掲載されて注目された張海鵬・李国強氏（いずれも国策研究機関である中国社会科学院に所属）の論文「「馬関条約」と釣魚島問題を論ず」の趣旨を簡単に解説し、彼らの「論理」展開を知って頂くことにしよう。

全部で三節からなるこの論文のうち、第二節では「釣魚島は早くから中国台湾の附属島嶼であった」ことが論じられている。しかし、単に「昔から知っていた。我々の歴史書に記述がある」というのみでは、近代的な国家主権の行使とは何の関係もない。「知っていた」ことではなく有効な管理こそ、国家主権の基準だからである。

それはさておき第一節では、下関条約の締結にともなう台湾の日本への割譲手続きと尖閣の関係を論じる。具体的には、濱川今日子氏の論文「尖閣諸島の領有をめぐる論点」（国立国会図書館 ISSUE BRIEF。ネット検索でPDFファイルを閲覧可能である）を参照しつつ、「そもそも日本も、釣魚島が台湾の一部分であることを認めていた」という主張を「構築」しようとしている。

濱川論文によると、台湾の受け渡しに関する公文を日清両国の代表が作成した際、清国代表は「日本が今後、福州近辺の島嶼についても割譲要求するのを避けたい」と考え、具体的に台湾に付属する島嶼を列挙するよう日本側に求めた。すると日本代表は「島の名前を列挙するとしても、今後新たに無名の島嶼が発見されたならば、新たな日清間の対立となる。そもそも台湾と福建の間には澎湖列島という明確な「横はり」があることから、日本が福建省付近の島嶼を台湾所属の島嶼と主張することはない」と述べた。このことをめぐって、張・李論文は次のようにいう。

水野（日本代表）の談話は、台湾附属の島嶼について既に公認された海図と地図があり、したがって台湾受け渡し公文において釣魚島列嶼を列挙する必要がない、と日本政府が見なしていたことを示している。この一点からみれば、日本政府は事実上、釣魚島列嶼が台湾附属島嶼であることを承認していた。なぜなら、釣魚島列嶼は公認の海図及び地図において早くから、中国に属すると明らかに表記されていたからである。

†巧妙とはほど遠い印象操作

この部分の要点は、ひとえに「日本が釣魚島を台湾の一部と認めていた」という点にある。しかし、読めば即座に素朴な疑問が湧く。そもそも日本は下関講和会議の前に尖閣諸島を先占して沖縄県に編入しており、下関条約の主役である李鴻章もその事実に対して一切抗議しなかった。したがって、台湾受け渡しの際、台湾に「附属」する島として尖閣諸島を論じるはずもない。また日清両国の代表は、澎湖諸島よりも西にある福建省沿岸の島についての議論をしていた。しかし、張・李論文で突然「福建省よりも台湾省により近く、台湾省の北東にある島の話題をしていた」というすり替えが起こるのはなぜか。しかも、濱川論文におけるエピソード紹介の直後にある、

これに関して、1895（明治28）年までに日本で発行された台湾に関する地図・海図の類は、例外なく台湾の範囲を彭佳嶼（筆者注：台湾北部・基隆の北東五六kmに浮かぶ小島）までとしていて、地図や海図で公認された台湾附属島嶼に尖閣諸島が含まれないことは、日清双方が認識していた。

という部分については一切検討を加えず、周到に無視している。その代わりに、当時の日清両国交渉担当者の議論とは全く関係なく、「日本は釣魚島が台湾附属であることを承認していた。なぜなら公認の海図では、釣魚島は中国に含まれているからである」という、現在の中共の主張を滑り込ませている。

また、この後の歴史的経緯に関する説明も恣意的である。親中派の日本人研究者である故・井上清氏が「一九六九年にはじめて石垣市によって標柱が立てられた」と述べていることを強

調し、日本（及び米国支配下の琉球政府）はあたかも長年にわたり「釣魚島に対する主権を公開の場で唱えてこなかった」かのような印象を中国の読者に植え付けようとしている。

この人民日報論文は、「日本語論文を引用する」という形式をとることによって、あたかも「日本人自身も釣魚島が台湾に属することを認めており、日本こそ釣魚島に主権を及ぼしてこなかった」という「事実」を導こうとする。しかし実際には、すぐに分かる操作が多く、日本の主権行使や、清・中国による日本の尖閣支配承認をめぐる歴史に沿っていない。とりわけ張海鵬氏は、中国における近代史研究の重鎮とされる人物である。そのような人物が、すぐに分かる印象操作に手を貸すとはどういうことか。

†もし尖閣が「台湾の一部分」なら？

これに対して日本政府が理解不能と反応したところ、中共・中国政府は激しく憤った。したがってこの論文は、決して研究者個人の意見を述べているものではない。中共機関紙『人民日報』や、その子会社である『環球時報』に掲載されている時点で、中共・中国政府の対日「文攻」に「権威ある歴史研究者」の名前を冠して「説得力」を持たせようとしたものとみるべきである。

では中国にとって、「尖閣は台湾の一部分である」ことを日本人に認めさせることによって

（そもそも認める余地もないのだが）、どのようなメリットがあるのだろうか。答えは簡単。日本は、第二次大戦の戦後処理のあり方を決定づけたカイロ宣言とポツダム宣言において、「日本の帝国主義的拡張の過程で獲得された領土については全て放棄し、日本の領土は本州とその周辺の、連合国側が決定する島々に局限されるべき」とされ、台湾への統治権を失った。そのことに照らし、中国が尖閣を「台湾の一部分」と主張し、それを国際社会が認めるならば、戦後約七〇年を経ても堂々と武力で奪取できるという点にある。

その後中国側は実際、事あるごとに「本来台湾の一部分である釣魚島を日本が盗み取っているのは、第二次大戦の結果実現した国際社会の正義と平和に照らして不当である。したがって、日本は即座に釣魚島に対する中国の主権を認めるべきである。そうしない限り日本の存在は、平和を希求する国際社会に対して無謀な挑戦をする諸悪の根源に過ぎない」と主張している。このような主張があって、連日連夜にわたる監視船の領海侵犯もある。また、ドイツを引き合いに出して「日本は戦争犯罪を反省しない」と主張し、何としてでも第三国を中国のペースに巻き込もうとする。

これを決して「日本と面子を賭けた対立を始めたが故に、引き際がつかなくなった」ためと見るべきではない。あくまで「中国側が正しい」と主張する以上、日本側に隙があれば当然奪取する。徹底的な自己主張によって日本側が折れて「領土問題である」と認めれば、その瞬間に「中国の主張が正当であるからこそ日本も自らの犯罪を認めた」として、尖閣を奪取することだろう。

†視線は沖縄問題へ

以上、尖閣問題をめぐる最近の経緯から見えてくるのは、そもそも中国ナショナリズムの立場として、「日本との間で決まった近現代史の全てを認めたくない、なかったことにしたい」という発想が明らかだということである。

そこで、この『人民日報』論文は、さらに沖縄の帰属をも争おうとする。なぜなら、「馬関条約において清は琉球問題を再び提示する能力がなかったからこそ、釣魚島を含む台湾・澎湖・琉球は全て奪われた」ためだという。カイロ・ポツダム宣言を日本天皇が受け容れた結果、「釣魚島も含む台湾が中国に帰せられるべき」となったのみならず、今や中国の国力が強大になったからこそ、「歴史上未解決の問題である琉球問題も議論されるべき」となったという。

これは要するに、力のない者には発言権がないのは仕方がないものの、力がある者が自己主張をするのもまた当然のことである、という認識である。これは、清末以来の中国ナショナリズムが蓄えた世界観のあらわれである。すでに中国ではネット社会化により、これまでの歴史を決して認めず、今後の世界と歴史を中国自身が描き操作して行こうとする民間の動きがはっきりとある。とりわけ、朝貢国であった琉球が日本の沖縄県となった事実を否定しようとする議論が高まりを見せている。そのような動きに対して、共産党機関紙自身がお墨付きを与えたことになる。

†世界を弱肉強食のるつぼにしないために

中共のこのような態度は受け容れられない。平和友好条約を締結した関係であるからこそ、歴史上の問題についても双方向的で建設的な議論にしようという発想をなぜとらないのか。

そして今、ロシアがウクライナの混乱に乗じてクリミアを併合したことに対し国際的な批判が強まっている中、中共がロシアに対し歩調を合わせるかのような対応をとっている。これは恐らく、中共がロシアのやり方を参考にして自己主張したいためではないのか。

中国は、「神聖不可分な領土」の分裂を引き起こしかねないと見なした少数民族問題や台湾の動きに対しては、国際的な視線を一切顧みず、あらゆる実力行使をする（二〇〇八年のチベット弾圧や二〇〇九年のウイグル弾圧だけでなく、一九九六年に台湾初の総統直接選挙をミサイル発射で妨害したことを忘れるべきではない）。そして事あるごとに、中国と国交を結ぶ全ての国に対し、中国の国家主権と領土統一を尊重するよう要求する。しかし、それは中国が他国の主権を尊重することを意味しておらず、中国としては「機会を得た者が実力で他国の領土を得ても当然である」と考えているらしい。尖閣をめぐる日本への圧力と、ウクライナ問題におけるロシアへの同調が重なって見えることについて、中共はそれが誤解であることを説明する責任があろう。

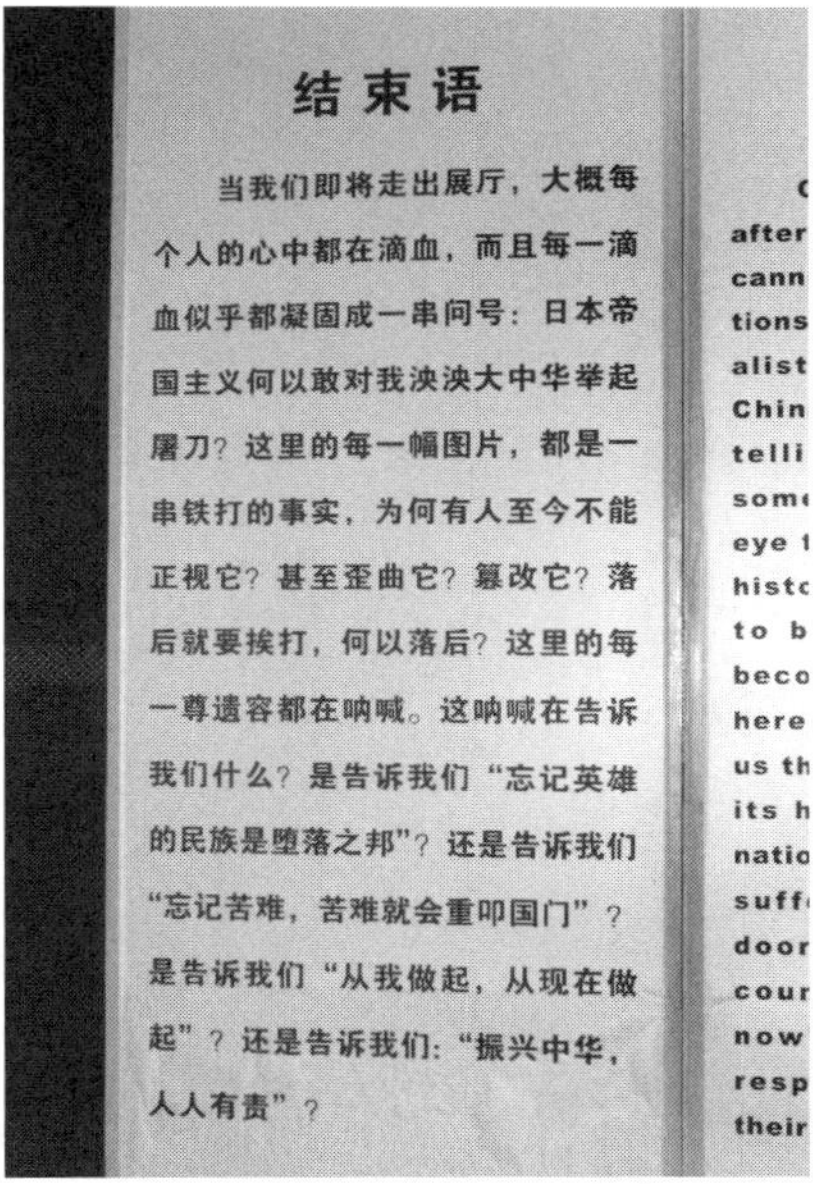

満洲事変の現場にある九・一八歴史博物館の出口メッセージ。「血」のイメージとともに、「日本帝国主義は、なぜ我が堂々たる大中華に屠刀（ととう）を振るっただけでなく、一部の日本人はその事実を直視しないのか」と問いかけ、「おくれた国家になれば叩かれる」「英雄主義を忘れれば堕落する」「一人一人に中華を振興する責務がある」と訴える。しかし「弱者」であれば、かつての敵に対し過度に強硬であっても許されるのか？

あとがき

日本人はふだん政治の話をしないといわれる。しかし、二〇一〇年の尖閣問題以後、電車の車内などで外交問題を語る人が、老若男女問わず明らかに増えたと思う。政治の話をしないことと、政治に関心がないことは同じではなく、実は誰もが政治に関心があることが、ある事件をきっかけに明るみになったという一例であろう。

しかし筆者のみるところ、その会話の内容は、往々にして目の前の事態に流され感情的になりがちでもある。もちろん、元々誰もが日常生活において、この手の問題を専門として扱っているわけではない。したがって、問題の全体像のとらえ方に限界があるのはやむを得ない。そこで、マスメディア・ジャーナリズムや研究者が、なるべく簡にして要を得た説明をすることで、判断の基準を求める世間一般の求めに応えることになる。

とはいえ、膨大にあふれる書物や情報の中から取捨選択することも容易ではない。また、扱う対象が大きなものであり、とりわけ歴史が複雑にからみあったものであるほど、書物や情報それ自体も、説明する側の専門や得意分野に制約されがちである。いやもともと、あらゆる認識や理解には限りがある。したがって、ある社会における知の全体像というものは、断片の巨大な集合体に過ぎないのかも知れない。そのことを誰もがわきまえた上で、なるべく妥当な説明を試みるとともに、よりバランスのある認識を共有するしかない。

それでも、こうして知が断片に終始するために、本当に納得できる説明を求めても常に満たされることなく、しばしば不安が個人、そして社会を覆うことがある。こうなると、単に大人だけでなく、巷の子供の心までささくれ立ってしまうのを見るのは辛い。小学生が尖閣問題をめぐって強硬な会話をしているのを耳にしたとき、これは小学生の理解不足や幼稚な思い込みの問題ではなく、親や教師、そして社会一般の責任問題ではないかと痛感した。激しい内容のニュースであっても、子供にしかるべく説明してなるべく安心させられるような知の枠組みを共有できていなければ、その社会の未来は心もとない。

これは第一義的に、複雑な問題の根源を説明するべき研究者の責任である。そこで筆者は、もちろん自分自身の限界を痛感し、浅薄の誹りを免れないと分かりつつも、これまで中国の歴史や政治学を幅広く勉強し、尖閣問題や日中対立に至る中国の言い分と問題点の全体像を把握している者として、少しでも分かりやすい説明に努めなければならないと考えた。これが本書執筆の大きな動機である。

いっぽう、同時に筆者の頭の中にあるのは、ほかでもない日本の今後への憂いである。

本書は総じて、近代日本を成り立たせた福沢諭吉の名著『文明論之概略』を念頭に置き、

「徳」による政治がなぜ上手くゆかず、「智」による政治がなぜ上手くいったのかという視点から、中国文明の巨大な曲折を書き起こした。そして、中国の今日の問題はその歴史と強く結びついており、個々の中国の人々もそれにかかわりながら同時に被害者でもあるということを分かりやすく示そうとした。この中から得られる教訓は、日本は「智」の政治で、世界中の多くの国から理解を得られる公正な社会をつくればうまく行くということである。

しかし近年、それを否定して上から「徳」を振りかざし、憲法にしても個別の政策でも国民・社会に守らせせようとする議論が高まりを見せていることに強い懸念を覚える。もちろん、道徳心は誰にとっても必要な美徳である。しかし、それは上から強いるものではない。個人・社会一般が互いに信頼して美徳を伸ばして行くのは、透明で安心できる社会があってこそである。それをつくるのが、国家・政治の国民に対する責任である。その順序をはき違えた議論は、福沢諭吉の予言通りに日本をかつて極端な政治と敗戦に追いやったし、今改めてこの日本の政治を、中共の支配に似たものへと陥れる危険がある。

本当に日本が国際社会から信頼・信用されるためにはどうすれば良いか。日本を攻撃する国の立場を無力化し、少なくとも第三国が常に日本の立場に理解を示してくれるようにするためにはどうすれば良いか。日本国民が相互信頼と道徳心に基づく社会を再生産するためにはどうすれば良いか。その基礎は、中国文明の影響を受けてきた日本社会にも潜む《孔丘の誘惑と罠》をいかにして排除するかにかかっている。
筆者の脳裏にはこのような問題意識がありながらも、出版事情が厳しさを増す折、単なる思いつきで本を出すことはできない。遅筆な筆者では途中で挫折してしまうという問題もある。また筆者自身、これまで中国の民族問題とその歴史を研究する立場から、中国ナショナリズムに対して批判的な発言をしてきたものの、中国という文明と長大な歴史全体について簡潔に描ききり、今日の問題と整合的に説明できるだろうかと悩んでいた。

そんな中、筑摩書房の江川守彦氏から執筆のお声がけを頂き、率直かつ建設的な意見を下さったのみならず、遅筆な筆者を長きにわたって叱咤して下さった。そして筑摩書房の松本良次氏には、構成を整えて全体を仕上げるにあたって的確なご助言を頂いた。心より御礼申し上げたい。また、授業で接する学生さん、および世田谷市民大学・かわさき市民アカデミーをはじめとした市民講座における参加者の皆さんからの反応が、何とか一般向けに分かりやすい概説を書きたいという願望を持続させる原動力となった。しかしもちろん、そこで出来上がった本書が的を射たものであるかどうかは、改めて読者の皆さんの率直なご批判に俟ちたい。

二〇一四年四月　桜から新緑に移り変わる頃

平野　聡

主要参考文献

●**日本語文（著者名50音順）**

天児慧『中国　溶変する社会主義大国』東京大学出版会、1992年
天児慧『日中対立　習近平の中国をよむ』ちくま新書、2013年
石井明・朱建栄・添谷芳秀・林暁光編『記録と考証　日中国交正常化・日中平和友好条約締結交渉』岩波書店、2003年
岡本隆司『中国「反日」の源流』講談社選書メチエ、2011年
岡本隆司『属国と自主のあいだ　近代清韓関係と東アジアの命運』名古屋大学出版会、2004年
加々美光行『中国の民族問題　危機の本質』岩波現代文庫、2008年
何清漣（坂井臣之助・中川友訳）『中国現代化の落とし穴　噴火口上の中国』草思社、2002年
加藤隆則『「反日」中国の真実』講談社現代新書、2013年
川島真『中国近代外交の形成』名古屋大学出版会、2004年
北村稔『中国は社会主義で幸せになったのか』PHP新書、2005年
金観濤・劉青峰（若林正丈・村田雄二郎訳）『中国社会の超安定システム「大一統」のメカニズム』研文出版、1987年
小島毅『朱子学と陽明学』放送大学教育振興会、2004年
小島朋之『模索する中国　改革と開放の軌跡』岩波新書、1989年
近藤邦康『毛沢東　思想と実践』岩波書店、2003年
坂元ひろ子『中国民族主義の神話　人種・身体・ジェンダー』岩波書店、2004年

佐藤慎一『近代中国の知識人と文明』東京大学出版会、1996年
清水美和『中国はなぜ「反日」になったか』文春新書、2003年
ステファン・ハルパー（園田茂人・加茂具樹訳）『北京コンセンサス』岩波書店、2011年
蘇暁康・王魯湘編（辻康吾・橋本南都子訳）『河殤　中華文明の悲壮な衰退と困難な再建』弘文堂、1989年
園田茂人『不平等国家 中国　自己否定した社会主義のゆくえ』中公新書、2008年
中曽根康弘『自省録　歴史法廷の被告として』新潮社、2004年
野村浩一『近代中国の政治文化　民権・立憲・皇権』岩波書店、2007年
野村浩一『蔣介石と毛沢東　世界戦争のなかの革命』岩波書店、1997年
橋爪大三郎・大澤真幸・宮台真司『おどろきの中国』講談社現代新書、2013年
橋本萬太郎編『漢民族と中国社会（民族の世界史5）』山川出版社、1983年
服部龍二『日中国交正常化　田中角栄、大平正芳、官僚たちの挑戦』中公新書、2011年
福沢諭吉『文明論之概略』岩波文庫、1931年
平勢隆郎『都市国家から中華へ　殷周　春秋戦国（中国の歴史2）』講談社、2005年
マルクス・エンゲルス（大内兵衛・向坂逸郎訳）『共産党宣言』岩波文庫、1951年
溝口雄三・池田知久・小島毅『中国思想史』東京大学出版会、2007年
陸奥宗光（中塚明校注）『新訂 蹇蹇録　日清戦争外交秘録』岩波文庫、1983年
毛里和子『現代中国政治』名古屋大学出版会、2004年
毛里和子・園田茂人編『中国問題　キーワードで読み解く』東京大学出版会、2012年
矢吹晋『鄧小平』講談社現代新書、1993年
楊海英『墓標なき草原　内モンゴルにおける文化大革命・虐殺の記録』上下　岩波書店、2009年

楊海英編『王朝から「国民国家」へ　清朝崩壊100年』勉誠出版、2011年
吉澤誠一郎『清朝と近代世界（シリーズ中国近現代史1）』岩波新書、2010年
吉澤誠一郎『愛国主義の創成　ナショナリズムから近代中国をみる』岩波書店、2003年
レーニン（宇高基輔訳）『帝国主義』岩波文庫、1956年
レーニン（宇高基輔訳）『国家と革命』岩波文庫、1957年
渡辺浩『東アジアの王権と思想』東京大学出版会、1997年
渡辺浩『日本政治思想史　十七世紀～十九世紀』東京大学出版会、2010年

●中国語文（著者ピンイン・アルファベット順）

薄一波『若干重大決策与事件的回顧』上　中共中央党校出版社、1991年
叢進『曲折発展的歳月』河南人民出版社、1989年
房寧・王小東・宋強等著『全球化陰影下的中国之路』中国社会科学出版社、1999年
故宮博物院明清檔案部編『清末籌備立憲檔案史料』（北京）中華書局、1979年
賀長齢編『皇朝経世文編』（北京）中華書局、1992年
黄帝子孫之多数人撰述『黄帝魂』（台湾）中国国民党中央委員会党史史料編纂委員会、1968年
黄枝連『亜洲的華夏秩序　中国与亜洲国家関係形態論』中国人民大学出版社、1992年
金観濤・劉青峰『開放中的変遷　再論中国社会超穏定結構』（香港）中文大学出版社、1993年
李暁蓉・張祖樺主編『零八憲章』（香港）開放出版社、2009年
梁啓超『飲冰室文集』（台湾）中華書局、1960年
梁漱溟『中国文化要義』（香港）三聯書店、1987年
凌志軍・馬立誠『呼喊　当今中国的5種声音』広州出版社、1999年

馬立誠・凌志軍『交鋒　当代中国三次思想解放実録』今日中国出版社、1998年

毛沢東『毛沢東著作選読』人民出版社、1986年

毛沢東・中共中央文献研究室編『建国以来毛沢東文稿』第一〜八冊　中央文献出版社、1987〜1993年

『民報』合訂本、(北京)科学出版社、1957年

祁建民『中国共産党与資本主義　従否定到肯定的両次循環』(台湾)人間出版社、2012年

宋暁軍・王小東・黄紀蘇・宋強・劉仰『中国不高興　大時代、大目標及我們的内憂外患』江蘇人民出版社、2009年

孫啓泰・熊志勇『大寨紅旗的昇起与墜落』河南人民出版社、1990年

王丹『中華人民共和国史十五講』(台湾)聯経出版事業公司、2012年

王彦威・王亮編『清季外交史料』(台湾)文海出版社、1963年

謝春涛『大躍進狂瀾』(40年国是反思叢書)、1990年

許紀霖・陳達凱主編『中国現代化史』第一巻　1800〜1949』上海三聯書店、1995年

張百新主編『釣魚島是中国的』新華出版社、2012年

中共中央書記処研究室・中共中央文献研究室編『堅持四項基本原則　反対資産階級自由化　十一届三中全会以来有関重要文献摘編』人民出版社、1987年

中共中央文献編輯委員会編『鄧小平文選』人民出版社、1993年

中共中央文献研究室編『関於建国以来党的若干歴史問題的決議　注釈本』人民出版社、1985年

中共中央文献研究室編『十一届三中全会以来重要文献選読』人民出版社、1987年

中国蔵学研究中心・中国第一歴史档案館等編『元以来西蔵地方与中央政府関係档案史料匯編』中国蔵学出版社、1994年

ちくま新書
1080

「反日《はんにち》」中国《ちゅうごく》の文明史《ぶんめいし》

二〇一四年七月一〇日　第一刷発行
二〇一四年八月　五　日　第二刷発行

著者　平野聡（ひらの・さとし）

発行者　熊沢敏之

発行所　株式会社　筑摩書房
東京都台東区蔵前二-五-三　郵便番号一一一-八七五五
振替〇〇一六〇-八-四一二三

装幀者　間村俊一

印刷・製本　三松堂印刷　株式会社

乱丁・落丁本の場合は、左記宛にご送付下さい。
送料小社負担でお取り替えいたします。
ご注文・お問い合わせも左記へお願いいたします。
〒三三一-八五〇七　さいたま市北区櫛引町二-六〇四
筑摩書房サービスセンター　電話〇四八-六五一-〇〇五三

ISBN978-4-480-06784-5 C0231